Hubert TEXIER

MONUMENTS ANTIQUES

de Limoges

LE TOMBEAU DE TÈVE-LE-DUC

LA CHICHE

RECHERCHES HISTORIQUES

SUR

SÉBASTIEN Ier, Roi de Portugal

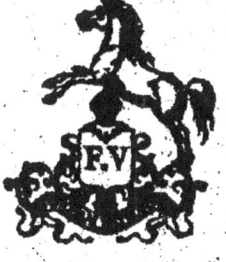

PARIS

Librairie Emile BOUILLON, Éditeur

67, Rue de Richelieu

—

1904

Hubert TEXIER

MONUMENTS ANTIQUES

de Limoges

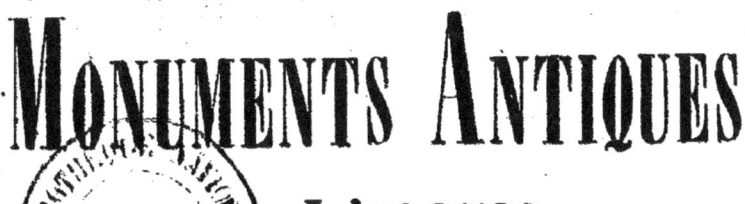

LE TOMBEAU DE TÈVE-LE-DUC

LA CHICHE

RECHERCHES HISTORIQUES

SUR

SÉBASTIEN Ier, Roi de Portugal

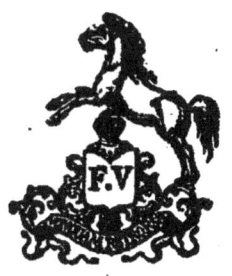

PARIS

LIBRAIRIE EMILE BOUILLON, ÉDITEUR

67, Rue de Richelieu

1904

LE TOMBEAU DE TÈVE-LE-DUC

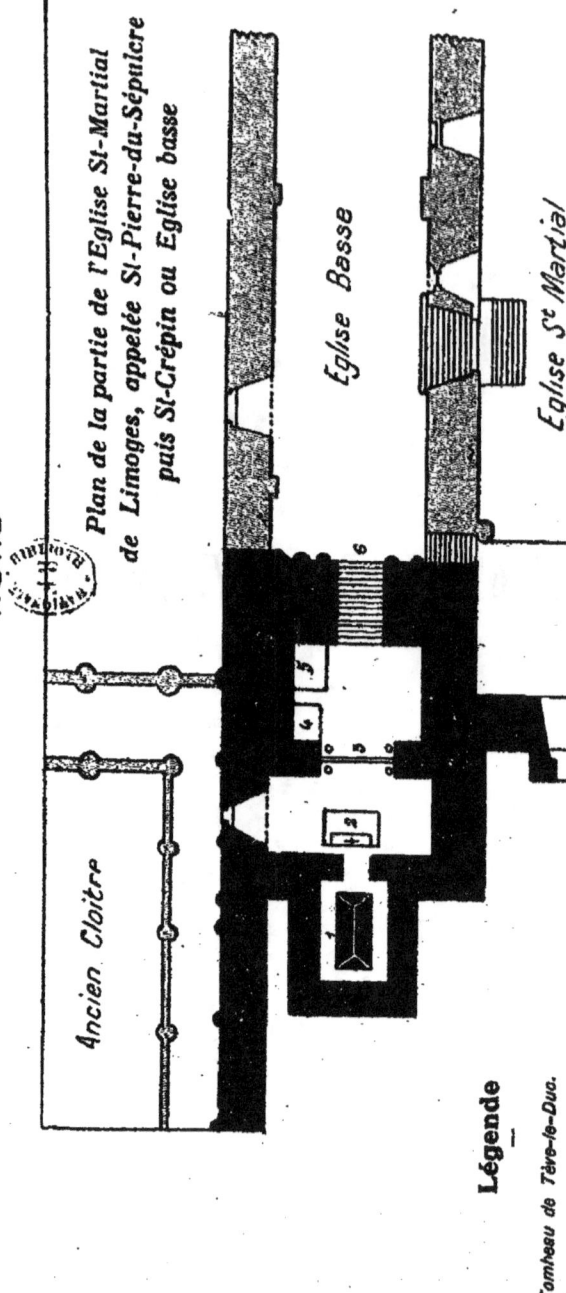

NORD

Plan de la partie de l'Eglise St-Martial
de Limoges, appelée St-Pierre-du-Sépulcre
puis St-Crépin ou Eglise basse

Ancien Cloitre

Eglise Basse

Eglise St Martial

Légende

1 Tombeau de Tève-la-Duc.
2 Autel.
3 Balustrade.
4 Armoire où l'on montrait un bras de
saint Martial
5 Tombeau de saint Martial.
6 Porte en fer.

TOMBEAU DE TÈVE-LE-DUC

L'abbaye de Saint-Martial, assez exactement orientée du couchant au levant, avait trois églises parallèles.

Au midi, l'église principale, consacrée sous le nom de St-Sauveur ou de St-Martial, avait la forme d'une croix latine. A son transept nord se soudait une église basse dans laquelle on descendait par dix-sept marches et qui portait le nom de St-Pierre-du-Sépulcre. Parallèlement à cette dernière, une troisième chapelle, dite de la grande confrérie ou de St-Benoît, se liait aux débris du cloître et du chapitre.

L'église de St-Pierre-du-Sépulcre, aux murs épais, aux ouvertures rares, aux formes rudes, avait un caractère de grande antiquité. A son extrémité occidentale se trouvaient trois cryptes de dimensions différentes.

La première avait dix-huit pieds sur seize ; le tombeau de saint Martial était à droite en entrant et l'armoire où l'on montrait son bras à côté du sépulcre ; une grille isolait et protégeait cette partie de l'édifice de l'église basse proprement dite.

La seconde, seule éclairée, prenait jour au moyen d'un soupirail (1) donnant dans l'ancien cloître ; elle avait vingt-quatre pieds sur douze et était séparée de la première au moyen d'une balustrade.

En poursuivant sa marche vers l'occident, on arri-

---

(1) « Ce soupirail était appelé la fenêtre de St-Martial ; c'est là que les malades se faisaient transporter dans l'espoir d'obtenir leur guérison ». M⁻ Charles de Lasteyrie, *L'Abbaye de St-Martial*, p. 322.

vait dans la troisième crypte d'une longueur de dix-huit pieds sur douze. Au milieu s'élevait un grand cercueil de pierre, couvert par une dalle en serpentine.

Ce tombeau, fait d'un seul morceau de granit gigantesque, était plus large que la porte par laquelle on était censé l'avoir fait entrer, ce qui semble indiquer qu'il avait été déposé dans cet endroit avant la construction du caveau. L'abbé d'Expilly nous fait la description de ce sarcophage dans son *Dictionnaire des Gaules* : « Il était en granit, nous dit-il, surmonté d'une couverture en dos d'âne et porté sur deux appuis ; la forme en était fort simple et le travail grossier. On y voyait sur le devant une grande ouverture fermée par des barres de fer, dont l'une portait la date de 1592 » (1).

Quel était l'homme considérable dont les restes avaient été placés là ? On faisait sur lui des récits extraordinaires ; une sorte de mystère l'entourait et son tombeau inspirait une terreur superstitieuse ; peu de personnes osaient parcourir le caveau dans toute son étendue. Des traditions accueillies par une crédulité ignorante le faisaient redouter. — Quand on demandait qui reposait dans ce tombeau, tout le monde s'accordait à répondre que c'était Tève-le-Duc.

Mais si tout le monde était d'accord sur le nom de Tève-le-Duc, quel était le haut personnage désigné sous ce nom ?

Selon l'abbé Roy-Pierrefitte, qui, le plus près de nous, a traité cette question, ce tombeau était celui de Waifre, duc d'Aquitaine, qui avait fait construire l'église de St-Sauveur : « Les moines reconnaissants avaient accueilli, à l'insu du roi Pépin, son corps flétri par le poison, et l'avaient inhumé dans le sarcophage de gra-

_____

(1) D'Expilly, T. 4, p. 232, article Limoges. — Nous compléterons cette description en donnant les dimensions exactes de ce sarcophage, qui se trouve actuellement dans les jardins du Musée de Limoges. Il avait huit pieds de long, quatre de large, deux de hauteur et six pouces d'épaisseur.

nit que l'ignorance populaire dénomma depuis, de Tève-le-Duc (1). Avant lui M. Grellet-Dumazeau avait fait de grands efforts pour nous démontrer, dans une notice parue en 1847 (2), que le mot *Waïfre* avait dû se transformer en *Tève* d'après le dialecte limousin.

Ces deux opinions, présentées de façons différentes, ne méritent aucune créance. La première ne repose sur aucune preuve et « elle comporte, comme le dit très bien l'historien de l'abbaye St-Martial, de telles erreurs matérielles que nous ne devons pas hésiter, un seul instant, à la rejeter » (3).

La seconde est si fantaisiste et donne de telles entorses aux règles de la philologie que nous ne l'avons mentionnée que comme mémoire. Les deux auteurs semblent, d'ailleurs, s'être inspirés d'un très savant mémoire paru en 1833, et ce qu'ils disent n'est qu'une variante de la dissertation du baron de Gaujal (4).

Sans nous inquiéter davantage d'un article paru en 1828, où M. Ardant conjecture que ce tombeau devait être celui de saint Martial (5), nous allons suivre l'auteur dans sa discussion et nous démontrerons combien elle est faiblement étayée.

Un passage du mémoire, notamment, nous a laissé rêveur et ce n'est pas sans surprise que nous avons lu la façon dont M. de Gaujal entendait procéder pour nous prouver que le tombeau de *Tève-le-Duc* était celui de Waïfre :

« Je n'interrogerai point, dit-il, les légendaires et les

---

(1) *Bulletin de la Société Archéologique du Limousin*, T. XII, p. 1.

(2) *Bulletin de la Société Archéologique du Limousin*, T. II, page 73.

(3) M. Charles de Lasteyrie : *L'Abbaye St-Martial*, page 38.

(4) *Bulletin de la Société royale d'Agriculture, Sciences et Arts de Limoges*, n° 1, janv. 1833. — Ce mémoire n'est pas signé, mais nous avons la certitude, d'après les notes de l'abbé Texier, qu'il sort de la plume de M. de Gaujal.

(5) *Bulletin de la Société royale d'Agriculture*, 1828. « On pourrait adopter l'opinion de M. Ardant, ainsi que le fait remarquer M. de Gaujal, s'il n'y eût en ce lieu qu'un tombeau, mais le caveau contenait à la fois et celui dont nous parlons et celui de saint Martial ». (Voir le plan que nous publions).

chroniqueurs qui ont écrit tout ce qu'ils ont entendu dire et souvent ce qu'ils ont imaginé ; je consulte de préférence les historiens modernes où l'on doit s'attendre à trouver plus de critique » (1).

Serait-ce la difficulté de ne pouvoir percer d'épaisses ténèbres, qui aurait inspiré à l'auteur l'idée de ne point interroger les légendaires et les chroniqueurs, pour tirer par induction une conséquence d'un point historique qui paraît douteux ?

En rejetant les légendaires et les chroniqueurs, nous ne pensons pas que M. de Gaujal ait compris dans son anathème tout ce qui a été écrit dans tous les temps et dans tous les pays. Il faut bien convenir, assurément, que tous ces ouvrages, imprégnés de l'esprit de leur siècle et des localités qui les ont inspirés, ne peuvent sympathiser avec l'esprit de critique qui éclaire le nôtre ; mais est-ce une raison pour tout rejeter ? Nous adoptons bien l'opinion, que ces vieilles chroniques, couvertes de la rouille des siècles, ont perdu pour nous le trait caractéristique de leur époque, et qu'aujourd'hui elles ne sont admises que par ceux qui ne reconnaissent que ce qui est bien prouvé, et par d'autres qui ne jugent bon que ce qui est bien écrit. Dans ces deux suppositions, l'absence du vrai et du bon a produit différemment un dégoût presque égal chez les uns comme chez les autres.

Nous pensons qu'il est encore possible de glaner dans ces vieilles ruines, qui tiennent ensevelie toute l'histoire de la monarchie jusqu'au-delà du moyen-âge et nous aimons à nous persuader qu'en nous aidant de la chronologie nous arriverons à éclaircir des faits connus, mais obscurcis par la distance des temps. C'est là, mais là seulement, que nous débrouillerons la vérité.

Nous allons donc fouiller dans ces débris historiques pour trouver les restes de Tève-le-Duc, mais, avant de descendre nous-même dans ce tombeau et de prouver

_____

(4) *Bulletin de la Société royale d'Agriculture*, janvier 1833, page 16.

qu'il est celui de *Stephanus*, dont par corruption on a fait *Stèphe*, puis *Tève*, prenons connaissance de ce qu'en dit M. Duroux dans son : *Essai historique sur la sénatorerie de Limoges*.

« L'an 42 de notre ère, l'empereur Claude désigna « comme proconsul de l'une et de l'autre Aquitaine, « Junius Silanus, son cousin (1), l'un des plus vaillants « capitaines de son temps. Dès que ce prince eût pris « possession de son proconsulat, on chercha à l'unir à « la famille de son prédécesseur. En conséquence, les « conventions de son mariage avec Valérie, fille unique « de Léocade, furent réglées..... Mais, sur ces entrefaites, « l'empereur Claude, qui voulait étendre les bornes de « l'empire romain, manda à Junius Silanus de se rendre « avec lui dans la Grande Bretagne, afin de lui aider « à tenter la conquête de cette île..... Après avoir assu-« jéti une partie des Bretons, Junius Silanus revint en « Aquitaine pour terminer l'affaire de son mariage ; « mais Suzanne, sa belle-mère prétendue, n'était « plus. Suivant nos anciennes chroniques, nos annales « et la tradition constante du pays, cette princesse, peu « de temps avant sa mort, avait embrassé la religion « chrétienne. Valérie, sa fille, avait suivi son exemple « ainsi que tous ceux de leur maison. Leur conversion « fut l'effet de la prédication de saint Martial, envoyé en « mission dans l'Aquitaine pendant l'absence du procon-« sul. Ce prince voulut donc opérer, disons-nous, la « consommation de son mariage. Mais, soit qu'il pro-« fessât la religion des Gentils, soit, comme on le dit, « qu'il ne voulût faire que sa maîtresse ou sa concubine « de la vertueuse Valérie, soit, enfin, que cette princesse, « depuis sa conversion eût voué à Dieu sa virginité, elle « refusa d'accéder à ses propositions. Alors Junius « Silanus, n'écoutant que les mouvements de sa colère

_____

(1) M. Duroux dit, p. 285, que Junius Silanus était, en outre, parent de l'empereur Tibère.

« et de sa vengeance, ordonna à Hortarius, l'un de ses
« centurions, de lui trancher la tête. Ce qu'ayant exécu-
« té, il tomba raide mort aux pieds de sa victime.

« Le proconsul, témoin de cette scène sanglante et
« tragique, en fut frappé de terreur. Mais s'il fut étonné
« de la mort de cet officier, il fut encore plus surpris de
« sa résurrection opérée par saint Martial, qu'on avait
« mandé à cet effet.

« Un événement aussi surnaturel fut suivi du baptême
« de Junius, qui prit alors le nom d'Etienne : tous ses
« officiers et quinze mille hommes de son armée suivi-
« rent ce bel exemple (1). Le duc Etienne, ou, en langue
« vulgaire, *Tève-le-Duc*... vécut après très religieuse-
« ment, mourut de même et fut enterré, vers l'an 71 de
« notre ère, dans l'endroit où l'on voyait encore, en 1789,
« son tombeau (2) ».

— Bouchet, de son côté, s'exprime ainsi : « Lorsque
« saint Martial porta la foi dans l'Aquitaine, le pays était
« gouverné par un roi d'origine barbare, mais soumis
« aux romains. Celui qui vivait sous Tibère s'appelait
« Leocadius ; il n'eut qu'une fille unique que l'on nom-
« ma Valérie ; Leocadius fut tué dans la guerre qu'il
« faisait par l'ordre de l'empereur Claude aux ennemis
« des Romains et son successeur fut *Stèphe*, nom limou-
« sin ; il gouverna les Aquitains et les Poitevins sous
« la condition qu'il épouserait, selon la coutume des
« romains, la jeune Valérie quand elle serait en âge.

« *Stèphe* demeurait ordinairement à Poitiers. Cet
« ancien Poitiers n'était pas où est celui d'aujourd'hui,
« mais à une lieue de Châtellerault, dans une plaine où
« l'on trouve encore, pour peu qu'on y fouille, des restes
« d'anciens bâtiments et de vieilles murailles. L'em-

(1) Cette scène est traitée en sept tableaux sur la châsse de Ste-Valérie
que nous possédons. Voir le *Dictionnaire d'Orfèvrerie* de l'abbé Texier, p.
1428, 1429 et 1479.

(2) Duroux : *Essai historique sur la Sénatorerie de Limoges*, pages 57, 58,
59 et 60.

« pereur Claude, ayant eu la sotte prétention de con-
« quérir en personne la grande Bretagne, vint dans
« les Gaules et les traversa avec une nombreuse ar-
« mée pour aller s'embarquer (1) ; il appela à lui
« tous les princes et seigneurs, ses vassaux, et le roi
« *Stèphe* marcha des premiers à cette expédition d'où lui
« est venu, d'après mon opinion, le nom de *Dux*, qui
« signifie : un chef, un capitaine, un commandant. »

L'annaliste Bouchet dit plus loin que « son corps fut
inhumé près de celui de saint Martial et qu'il y avait toujours un cierge ardent où un autre luminaire près du
sépulcre ». A la façon dont l'annaliste rend compte de
cette lampe ardente, on pourrait supposer qu'elle ne
brûlait qu'en l'honneur de Tève, alors qu'elle n'était là
que pour rappeler aux fidèles le tombeau de l'apôtre de
l'Aquitaine où se rendaient de nombreux pèlerinages
de peuples étrangers.

*
* *

Avant d'aborder le fond de notre sujet, déblayons
notre terrain de discussion des erreurs que contiennent
les passages que nous venons de citer et n'éprouvons
aucun embarras à repousser les légendes forgées, en
grande partie, par les moines de St-Martial, légendes
qui n'ont été converties en tradition que par un usage
plusieurs fois séculaire.

Parcourons les champs de l'histoire et commençons
par reconnaître Léocade, époux de Suzanne et père de
sainte Valérie, et nous verrons ensuite à quelle époque
vivait *Stephanus*.

Octave, à qui le Sénat donna le nom d'Auguste, fut le
premier César ; il tint les rênes de l'empire depuis son
triomphe jusqu'à la première année de notre ère qui
était la 20e de son règne, et depuis cette époque jusqu'à

---

(1) Annales de Bouchet, édit. de 1557, p. 7.

l'an 767 qui était la 14ᵉ de J. C., en nous servant de la chronologie d'Adrien Richer.

L'an 737 de son règne, les Gaulois, qui se soulèvent, tremblent à l'approche des légions romaines et demandent la paix ; pour gage de leur bonne foi, ils donnent des otages.

La pacification fut cimentée 17 ans avant J. C.

La paix rétablie, Auguste voulut qu'il fût fait le dénombrement des peuples des Gaules.

Ce fut Leocadius qui fut désigné par Auguste pour faire ce recensement.

« Il n'est pas étonnant que son choix tomba sur un homme puissant et occupant un rang distingué parmi ses compatriotes : il descendait de Duratius, fils de Sédulius, et succéda à son père au proconsulat de l'Aquitaine ; il fut nommé par César pour avoir soutenu, en faveur des romains contre les gaulois, le siège de Limoges, que ceux-ci attaquaient » (1).

Zénébrun, gendre de Duratius, eut de son mariage Lucius Capreolus qui avait pour frère Manilius Corintius, gouverneur de Bourges. De Lucius Capreolus sortit Leocadius.

Auguste, décédé l'an 767 de Rome et 14 de J. C., fut remplacé à l'empire par Tibère qui maintint Leocadius dans la Gaules avec le titre de *Regulus* ainsi que l'était Hérode en Galilée sous le nom de Tétrarque.

Ce fut sous cet empereur, disent nos légendaires, que Leocadius aurait épousé Suzanne, fille de Manilius Corintius, dont il n'aurait eu Valérie que longtemps après son mariage.

Successeur d'Auguste, Tibère régna vingt-deux ans sept mois et quatre jours et mourut l'an 790 de Rome et 37 de J. C.

Caligula, qui lui succéda, ne régna que trois ans neuf

_____

(1) Dupleix : *Mémoire des Gaules*, Liv. V, ch. Iᵉʳ.

mois et vingt-huit jours. — Ne trouvant rien sous son gouvernement qui se rattache à Leocadius, nous en concluons que ce dernier fut maintenu dans la dignité qui lui avait été concédée par Auguste et renouvelée par Tibère.

Après Caligula, vint Claude, qui fut proclamé empereur l'an 794 de Rome et 41 de J. C. — Son règne fut de treize ans huit mois et deux jours.

Selon la chronique d'Eusèbe, la deuxième année de l'empire de Claude, saint Pierre quitta Antioche et transporta son siège à Rome. Cette translation se fit l'an 43 de J. C. C'est à la même époque, d'après Bouchet, que Leocadius périt dans une bataille que lui livraient ses voisins, ennemis des Romains.

Nous sommes donc amené à conclure que l'élévation de Claude à l'empire datant de l'an 41 et Leocadius ayant été tué à l'époque où saint Pierre transporta son siège à Rome, ce fut celle de l'élévation de *Stephanus* à la dignité de *procurator*.

Ce *Stephanus* serait-il le même que Junius Silanus ou l'un des cinq dont l'histoire nous donne les noms avec la date de leur consulat.

Le premier Junius Silanus était consul, l'an 10 ; le second, l'an 19 ; le troisième, l'an 28 ; le quatrième, l'an 46 et le cinquième, l'an 53. (1)

Suivant Crevier (2), dans sa chronologie des consuls romains, il n'y aurait que trois Junius Silanus qui se rattacheraient à notre époque.

La nomination du premier aurait eu lieu sous Auguste, l'an 727 de Rome, et 25 ans avant notre ère.

Celle du second, sous le même empereur, daterait de l'an 737 de Rome, 15 ans avant J. C.

---

(1) Ces dates sont celles données par M. de Gaujal, note 2, page 20 du *Bull. de la Société royale d'agriculture.*

(2) Crevier, *Histoire des Empereurs romains.*

Le troisième, toujours sous le même empereur, aurait été nommé l'an 761 de Rome et 9 de notre ère.

La nomination du quatrième, sous Claude, daterait de l'an 797 de Rome et 45 de J. C.

Enfin, celle du cinquième serait de l'an 804 de Rome et de J. C. 52.

Ce ne pourrait donc être que l'un des deux Silanus qui ont été consuls sous Claude, qui aurait été élevé à la dignité de *procurator* dans l'Aquitaine.

Stephanus doit donc être nécessairement l'un de ces deux personnages s'il n'est pas lui-même d'origine gauloise.

Mais, au surplus, il ne saurait y avoir ici d'équivoque; le Junius Silanus, que l'on dit s'être converti à Limoges, vivait, selon Bouchet, en l'an 46, et était, suivant M. Duroux, parent de l'empereur Tibère et cousin de l'empereur Claude; c'était donc le quatrième du nom, celui dont Tacite indique la mort au commencement du règne de Néron; il était fils d'Appius Junius Silanus, consul l'an 28 de J.-C., et d'Emilie Lépide, première femme de l'empereur Claude, fille et petite-fille des deux Julie, fameuses par leurs déréglements; il était aussi rapproché d'Auguste que Néron. Agrippine le fit périr, l'an 54, pour qu'il ne pût disputer la couronne à son fils.

C'est là plus qu'il n'en faut pour démontrer l'erreur de M. Duroux et faire rejeter les faits avancés par lui; il n'est pas admissible que cet héritier du trône ait quitté son nom pour celui d'*Etienne* et ait abandonné l'antique religion de l'empire pour un culte alors tout à fait inconnu, confondu avec le judaïsme si méprisé à Rome. Comment supposer, d'ailleurs, que les historiens latins aient ignoré ces circonstances et que les chroniqueurs limousins seuls aient pu les recueillir!

Reste le cinquième Junius Silanus. Ce dernier, que Tacite, historien presque contemporain, appelle de ce nom et point d'un autre, était à sa mort proconsul d'Asie. Appartenant à une des premières maisons de Rome, qui devait avoir un tombeau de famille, c'est à Limoges qu'il aurait eu sa sépulture ! Son corps n'eût point été réduit en cendres comme ceux de ses ancêtres ! On eût envoyé ses restes loin de ceux de ses pères, en exil, en quelque sorte, dans une terre étrangère !

S'il est impossible d'identifier *Stephanus* avec l'un des Junius Silanus dont nous avons parlé, nous avons à nous demander quel était ce puissant personnage qui occupe une si grande place dans la légende Aurélienne et dont l'autorité s'étendait des Pyrénées à la Loire ?

L'auteur de la vie apocryphe de saint Martial, faussement attribuée à saint Aurélien, nous apprend, — et nous ne citons ce fait qu'à titre de curiosité — que le duc Etienne, appelé à Rome par Néron à la tête de quatre légions, aurait été se prosterner devant saint Pierre avec tous ses hommes (1). La *Vie primitive* de saint Martial, moins prolixe, ne cite ce mystérieux personnage qu'en des termes très vagues (2). Son existence, cependant, ne saurait être mise en doute et c'est un des rares points historiques de la légende du pseudo-Aurélien qu'on peut considérer comme non apocryphe.

Stephanus ne serait-il pas tout simplement un puissant seigneur limousin, qui aurait gouverné l'Aquitaine au nom des romains ? Nous inclinons à le croire, avec beaucoup d'écrivains qui ont partagé l'opinion de Bouchet sur ce point.

Stephanus n'aurait point eu le titre de roi d'Aquitaine dont on avait honoré son prédécesseur. Claude lui donna celui de *procurator*, c'est-à-dire chargé de la

---

(1) *Nero imperator... Jussit ut Stephanus pergeret Italiam cum quatuor legionibus... Dux, secundum quod ei fuerat imperatum Italiam perrexit... Dux et omnis exercitus ejus invenerunt beatum Petrum Apostolum in locum qui dicitur vaticanum et cum magna humilitate... projecerunt se ad pedes ejus... etc.*
Légende aurélienne, édit. W. de Gray-Birch, page 17.

(2) Elle dit, en effet, que *Valéria ~~a b sponso~~ suo adhuc gentili interempta fuit ».*

conduite des affaires du pays. Avec ce titre il fut désigné, disent nos légendaires, pour épouser Valérie selon la coutume des romains, aussitôt qu'elle serait nubile.

« L'an 799 de Rome, et de J.-C. 46, qui était la quatrième année de l'empire de Claude, celui-ci entreprit la conquête de l'Angleterre qui s'était révoltée. Réunissant toutes ses forces, il passa, dit Bouchet, par l'Aquitaine, prit avec lui Etienne et grand nombre de noblesse du Poitou et en six mois soumit ces peuples révoltés.

« Reconnaissant les grands services que lui avaient rendus les poitevins, Claude leur permit de relever leur ville et de la bâtir dans un endroit différent de sa première fondation, ce qui s'exécuta sous *Stephanus*, qui donna à tous ces peuples un comte du nom d'*Arcade* (1) ».

Il est facile de se convaincre, d'après la supputation des années qu'ont régné les empereurs depuis Claude jusqu'à Vespasien, que *Stephanus* aurait gouverné l'Aquitaine au nom des romains pendant vingt-huit ans environ.

C'est, en effet, dans la dernière année du règne de cet empereur que les *Acta sanctorum* des Bollandistes placent la mort de saint Martial. Celle de *Stephanus* aurait précédé celle de notre apôtre puisqu'il est dit que celui-ci l'ensevelit honorablement dans son sépulcre.

En précisant la mort de saint Martial, on se borne à dire que celle de *Stephanus* fut antérieure; pourquoi n'avoir pas indiqué celle de ce personnage? Il était assez illustre pour que l'on tint date de l'époque de son décès. Cette omission nous porte à penser, ainsi que nous allons le voir, que sa mort était de beaucoup antérieure

---

(1) Suétone, en nous faisant connaître cette expédition, nous apprend que Claude s'embarqua dans le port d'Ostie. Il faisait voile pour l'Angleterre, mais assailli par deux tempêtes, peu s'en fallut qu'il ne fit deux fois naufrage, d'abord dans la Ligurie, puis dans les îles Stécades « îles d'Hyères » Ces deux événements le décidèrent à prendre terre et à se rendre à Marseille d'où il partit pour *Gessoria* « Boulogne ». — Il est donc à peu près certain que Claude dut traverser l'Aquitaine.

à celle de saint Martial et que le souvenir s'en était perdu.

Nous croyons avoir posé la question aussi clairement que possible ; nous avons établi chronologiquement l'époque où a vécu *Stephanus* et nous savons que l'existence de ce personnage se place au premier siècle de notre ère.

Mais après avoir prouvé que Junius Silanus, quatrième descendant d Auguste, ainsi que Decimus Junius Silanus, mort proconsul en Asie, n'auraient jamais dû être confondus avec *Stephanus* ou *Tève-le-Duc*, nous avons à rechercher si ce dernier a bien pu être converti par saint Martial.

Nous allons discuter cette nouvelle hypothèse en établissant l'époque de la mission de celui que l'Aquitaine honore comme son apôtre.

**

Les savants qui ont traité de l'apostolicité de saint Martial sont innombrables et il n'est dans notre intention de discuter ici l'opinion de chacun. Nous nous contenterons de citer celle de l'abbé Texier, telle qu'elle résulte des papiers inédits que nous possédons (1). Cette opinion est celle de toutes les personnes que n'aveugle point le parti pris et nous nous y associons entièrement.

« Le voile qui couvre le berceau où a pris naissance l'église de Limoges est si épais, dit l'abbé Texier, qu'on n'a que des conjectures sur les premiers évêques qui ont gouverné cette église. On n'a jamais été d'accord sur l'époque de la mission de saint Martial dans l'Aquitaine.

---

(1) Cette étude fut envoyée à Mgr Bertaud, à la date du 12 mars 1854. Elle était une réponse à une lettre de l'évêque de Tulle qui demandait au Supérieur du petit séminaire du Dorat « une savante dissertation sur l'époque de l'apostolat de saint Martial afin de convaincre un *ignorant* » (sic). — En 1854, on ne l'ignore point, cette question était de nouveau à l'ordre du jour ; elle fut portée devant le Saint-Siège qui évita de se prononcer ; il permit seulement de continuer à honorer saint Martial *comme un apôtre*.

Les esprits ont été partagés et le sentiment qui a prévalu, sans avoir persuadé tout le monde, est de placer sa mission évangélique sous le consulat de Decius et de Gratus, l'an 250, ce qui s'accorde avec l'histoire qui a reconnu que ce fut en 250, sous l'empire de Dèce, que les Gaulois abandonnèrent leurs dieux, pour se ranger sous la bannière du Christ.

» Pour donner plus de poids à l'opinion qu'on voulait accréditer que saint Martial était contemporain des apôtres, l'on supposa deux fameuses lettres, écrites : l'une aux bordelais, l'autre aux toulousains ; ces deux pièces, trouvées dans la sacristie de Saint-Pierre et enfermées dans une urne de pierre, cachée dans la terre, n'ont été connues qu'en 1520 ; Josse Bade les publia à Paris.

» Elles remontaient à une si haute antiquité, disait-on, qu'on avait peine à les déchiffrer. Ces mêmes lettres furent imprimées à Limoges, chez Antoine Voisin, en 1694.

» Protégées par l'ignorance et une aveugle crédulité, saint Martial en fut reconnu l'auteur ; mais une critique raisonnée qui attaquait à la fois, et le style, et les caractères, dissipa les ténèbres qui couvraient leur origine, et la vérité, déchirant le voile, démasqua l'ouvrage d'un imposteur.

» Bouchet, justement estimé pour ses annales enrichies de savantes et souvent curieuses recherches, contribua à accréditer l'apostola.   int Martial. Pour appuyer son opinion, tirée   de aussi ancienne et peut-être aussi fabuleuse   nan du *Brut* où il a puisé l'origine des poitevins, n   t que saint Martial était juif, qu'il avait vu et connu de   nne heure Jésus-Christ. Témoin de ses miracles, il s'attacha à lui et en sous-ordre à son disciple Pierre. A peine eût-il atteint l'âge de quinze ans que le prince des apôtres le baptisa ; il fut témoin du martyre de saint Etienne, son cousin, et suivit saint Pierre à Antioche et à Rome ; ce fut là que le premier pape l'envoya prêcher l'Evangile dans l'Aquitaine.

Séduit par l'esprit de son siècle ou par l'histoire apocryphe de la vie de saint Martial qui rapporte que ce saint a été envoyé dans les Gaules par saint Pierre, l'auteur a dû croire qu'il vivait dans les premiers siècles de l'Eglise. Cette conviction de bonne foi était, on doit le penser, fondée sur l'ignorance où il était que les successeurs de Pierre ajoutaient à leur nom celui du prince des apôtres, comme tenant de lui leur mission.

Les pontifes avaient adopté cet usage des empereurs romains qui faisaient précéder leur nom de celui du premier Cesar.

J'ajouterai encore que ceux qui ont regardé saint Martial comme apôtre ont adopté l'opinion de l'église grecque qui met au rang des apôtres les 72 disciples qui reçurent pour mission d'aller éclairer la terre du flambeau de la foi, sans que le lieu de leur mission leur fût désigné ; celle de saint Martial peut donc être contestée ; l'auteur de sa vie est le seul qui en parle ; il n'a avoué le fait que sur une tradition populaire de cette époque ; les anciens auteurs tels qu'Eusèbe, Gérôme, Sulpice Sévère et Adon n'en parlent pas ; d'où l'on peut conclure que, de leur temps, saint Martial n'était pas connu.

Il en est de même de la légende aurélienne ; elle a tous les caractères d'un livre apocryphe ; l'auteur qui rapporte que saint Martial fut témoin de la vie de Jésus-Christ, qu'il reçut de lui une mission apostolique, laisse planer le doute sur l'authenticité de cette histoire, si nous ajoutons foi à quelques manuscrits qui rapportent qu'Aurélien était prêtre des faux dieux, que, résistant aux prédications de saint Martial, il fut frappé de la foudre, mais que saint Martial le rappela à la vie pour le régénérer dans les eaux du baptême.

La *Gaule chrétienne*, en parlant d'Aurélien, successeur de saint Martial, rapporte ce fait sous la forme du doute ;

c'est même tout ce qu'elle nous apprend de cet évêque. Aurélien a pu recevoir une vive commotion qui, pendant quelques instants, l'aura paralysé et des secours, administrés à propos, le rappelèrent à la vie ; rien de surnaturel à cela. Laissons donc aux miracles leur rareté pour leur conserver le respect qui leur est dû ; quand l'Etre Suprême, dans les secrets de sa sagesse, juge à propos de suspendre les lois immuables de l'ordre qu'il a établi lui-même, ce changement, dont nous ignorons les causes, est, et sera toujours le plus grand des miracles.

L'idée de l'apostolat de saint Martial fut infailliblement inspirée par la légende aurélienne et la décision, qui fut prise par le synode convoqué en 1028, fut regardée par les personnes les plus éclairées comme un mouvement de dévotion indiscrète. C'est le motif qui fit refuser par le pape Benoist VIII sa sanction à ce qui avait été résolu dans cette réunion d'évêques.

La querelle, cependant, se renouvelant avec plus d'opiniâtreté, il fut tenu, en 1031, un second synode qui reconnut comme l'avait fait le premier l'apostolat de saint Martial ; plus heureuse que la première, la députation qui fut envoyée à Rome auprès du pape Jean XIX obtint, à force d'influence, l'approbation du pontife à cette nouvelle décision qui heureusement n'est pas un article de foi.

Mézerai (1) dit au sujet de ce synode : « Ces questions « frivoles procédaient de l'ambition des prélats qui, « pour avoir la préséance sur les autres, attribuaient la « fondation de leurs églises aux apôtres ou aux disciples « de Jésus-Christ et pour cela forgeaient des fables et « pervertissaient toute l'histoire. »

Jordan, évêque de Limoges, dont la croyance était fondée sur une conviction éclairée, ne voulut pas reconnaître cet apostolat. Le temps ayant ralenti, pour ne

_____

(1) Mézerai, Abrégé de son Histoire de France en 1029, T. II.

pas dire étouffé, l'ardeur qui faisait regarder saint Martial comme l'envoyé direct de J.-C., l'ancien usage prévalut et notre saint ne fut plus reconnu dans la liturgie que comme confesseur.

Loin de moi l'idée de chercher à affaiblir la croyance qui est due aux éminentes vertus de l'apôtre de l'Aquitaine ; je me borne à rétablir les dates qui peuvent éclaircir ce point historique. Les vertus étant de tous les âges et de tous les temps, peu nous importe que la mission de saint Martial dans l'Aquitaine, et particulièrement dans le Limousin, soit du premier ou du troisième siècle de l'Eglise.

D'accord avec la *Gaule chrétienne* et Adrien Baillet, connu par ses critiques savantes, je ne parle de l'apostolat de saint Martial que sous la forme du doute.

La *Gaule chrétienne* reconnaît, avec Grégoire de Tours, que saint Martial a prêché la foi dans l'Aquitaine, mais elle ne fixe l'époque de sa mission que dans le troisième siècle ; je rapporte ses propres termes : « *Sanctus Martialis quem plurimæ gentes Aquitaniæ suum contindunt Episcopum fuisse sub Decio et Grato consulibus, hoc est medio tertio Christi Sæculo, Lemovicis destinatus Episcopus.* » Pourquoi, d'ailleurs, Grégoire de Tours, qui vivait dans le sixième siècle de l'église, ne nous parle-t-il pas de celui qui avait envoyé saint Martial ? Cet historien, si minutieux dans tous ses détails, n'était pas si éloigné de l'apostolat de ce saint qu'il n'eût bien consigné dans son *Historia Francorum* les circonstances et les particularités de cet événement. Son silence doit faire penser qu'il n'a rapporté le fait de la mission de notre apôtre que sur des *on-dit, contindunt ;* voilà le seul titre ; c'est la tradition orale.

Adrien Baillet, qui a écrit là vie des saints plutôt en historien qu'en thaumaturge, s'explique ainsi (1) : « Il

(1) Baillet, Tome II, in-f°, page 395. *Saint Martial.*

« faut attribuer à la reconnaissance des fidèles et à la
« dévotion des peuples l'éclat que le nom de saint
« Martial a fait dans l'église de France plutôt qu'à une
« connaissance particulière et assurée qu'on ait jamais
« eu de ses belles actions. De tout ce qui regarde sa vie,
« on a vécu plusieurs siècles sans avoir de lui d'autre
« connaissance que ce qu'une tradition assez confuse
« en avait conservé à travers les révolutions survenues
« dans le pays. Durant le règne des fables où quelques
« dévots peu éclairés croyaient servir la religion en
« appliquant à l'honneur des saints la licence de feindre
« que les faiseurs de romans employaient à celui des
« héros du siècle, il s'est trouvé un inconnu porté pour
« saint Martial par un zèle semblable à celui qu'avait
« pour saint Paul celui qui a forgé les actes de cet apôtre
« et de sainte Thècle. Cet homme, qui vivait, apparem-
« ment, sur la fin du Xe siècle ou dans le siècle suivant,
« composa selon son génie et sur ce qu'il ramassa de la
« tradition, une légende de saint Martial qu'il divulgua
« sous le spécieux nom de saint Aurélien, son successeur,
« pour lui donner plus de crédit ; le temps et la disposi-
« tion des esprits lui furent assez favorables et la facilité
« qu'on eut de se laisser imposer fit disparaître sous les
« nuages de la fiction le peu de vrai que l'on pouvait
« apercevoir dans l'histoire de ce saint Evêque ».

Ce n'est pas seulement Adrien Baillet qui parle ainsi
de saint Martial. M. de Chignac, dans sa savante dissertation sur l'époque où la religion chrétienne pénétra
dans les Gaules, dit en parlant de notre Evêque : « Le
« calendrier de Limoges place la mission de saint
« Martial dans le premier siècle ; nous avons une grande
« vie de cet apôtre du Limousin sous le nom de saint
« Aurélien qui dit la même chose. Elle est appuyée par
« deux lettres qu'on a données sous le nom de ce saint ;
« mais il est certain que la vie et les lettres ont été
« fabriquées par des écrivains qui ont cherché à en
« imposer. Sa vie a été écrite sur la fin du Xe siècle, et

« les lettres environ cent ans après. Ce n'est, en effet,
« que sous le règne de Philippe Ier qu'on commença à
« prétendre que saint Martial était venu dans les Gaules
« sur la fin du Ier siècle ».

On peut voir encore ce que dit à ce sujet M. Descordes,
chanoine de l'église de Limoges. Ce savant était, évidemment, très zélé pour la gloire du Limousin, sa patrie,
mais il pensait qu'au lieu d'honorer l'Eglise, c'était la
dégrader que de lui donner une origine fabuleuse.

Ce que conte Baillet sur saint Martial se trouve dans
les Bollandistes (1). Cet ouvrage mérite d'être consulté;
presque toute l'histoire de l'Europe et une partie de
celle d'Orient, depuis le VIIe siècle jusqu'au XIIe, est
dans la vie des personnages auxquels on donna alors le
titre de saints. Quiconque a lu, a pu faire la remarque
qu'il n'y a aucun événement de quelque importance
dans l'ordre civil, auquel un évêque, un abbé, un moine
ou un saint n'aient pris part.

Ce qu'on peut avancer de moins douteux se réduit
presque à ce que rapporte Grégoire de Tours que l'on
peut regarder, non comme un auteur infaillible, mais
comme un auteur droit et sincère, et comme le plus ancien
de ceux qui ont parlé de l'Evêque de Limoges. Selon lui,
saint Martial reçut sa mission des évêques de Rome
pour se rendre dans les Gaules, *ce qui s'appelait communément être envoyé par saint Pierre, dont l'autorité
résidait dans ses successeurs.* Quelques-uns attribuent sa
mission au pape Fabien avec celle de saint Denis, de
Paris, de saint Gratien, de Tours, de saint Trophime,
d'Arles, de saint Paul, de Narbonne, de saint Austremoine,
de Clermont, et celle de saint Saturnin, de Toulouse, au
milieu du IIIe siècle, sous le consulat de Decius et de
Gratus.

Saint Grégoire n'appuyant la mission évangélique de
Saint Martial que sur des conjectures, il m'est permis

---

(1) *Acta Sanctorum*, Tome V.

d'émettre une opinion. Je dirai donc que saint Martial
vint dans les Gaules après le martyre d'Etienne Ier, pape,
qui eut lieu en 257, sous Valérien ; qu'avant son martyre
il fit, comme nous l'apprend *Damasius in Stephanum*,
deux ordinations au mois de décembre, six prêtres,
cinq diacres et six évêques pour divers lieux, au nombre desquels, d'après le martyrologe universel, fut Mi-
laine, évêque de Rouen. Saint Martial, qui vivait sous le
pontificat d'Etienne Ier, ne serait-il pas un des six évêques qui reçurent leur mission pour les Gaules ?

Cette opinion ne paraîtra pas sans fondement, en rap-
prochant la mission évangélique de notre apôtre de
celle que les écrivains dont nous avons parlé placent
en 250, sous saint Fabien, pape. Cette dernière mission
peut être contestée. Cette année fut celle de la mort de
Fabien et de l'élévation de Dèce à l'empire. Sous le règne de ce prince, la persécution contre les chrétiens ré-
pandit tant de sang que le Saint-Siège fut vacant seize
mois environ.

Saint Grégoire n'a pas prétendu nous faire croire qu'il
fût parlé de la mission de saint Martial et de ceux dont
nous avons rappelé les noms dans les actes de saint
Saturnin ; il a suivi, sans doute, une tradition qui existait de son temps, dans les églises de France, disant que
ces sept missionnaires apostoliques étaient venus en-
semble, ou assez près les uns des autres. Le témoignage
que j'invoque se trouve dans les plus anciens martyro-
loges qui ont parlé de saint Martial ; ils sont du IXe
siècle.

Tous lui donnent la qualité d'évêque ; quelques-uns y
ajoutent celle de confesseur ; aucun ne lui donne celle
de martyr, ni même celle d'apôtre.

Pour concilier des opinions qui se contredisent avec
nos monuments historiques les plus certains, je dirai
que les premiers évêques de l'église de Limoges jusqu'à
Adelphius, son sixième évêque, ne furent que les précur-
seurs de saint Martial. Arrivés sans caractère public, ils

prêchèrent dans le désert et ce ne fut qu'après qu'ils eurent répandu sur le pays les premières semences de la foi, que saint Martial, armé d'une mission ostensible, se présenta dans le pays, se fit connaître et fut salué comme premier évêque. La sainteté de sa vie fit oublier la mission secrète de ceux qui l'avaient devancé. »

La mission apostolique de saint Martial au troisième siècle ayant dissipé tous les doutes, nous avons à nous demander comment il se peut qu'il ait pu connaître Leocadius, Suzanne, Valérie leur fille, et Stephanus qui vivaient dans le premier.

Il est possible que l'apôtre de l'Aquitaine ait opéré, au troisième siècle, la conversion d'une jeune fille du nom de Valérie. Peut-être était-ce la fille de ce Leocadius, sénateur (1), dont parle Grégoire de Tours, mais il est incontestable que ce ne peut être la fille de Leocadius, nommé roi d'Aquitaine par le second des Césars, puisqu'il est démontré qu'il mourut sous le règne de Caligula.

La conversion de *Stephanus* et de quinze mille sol-

---

(1) En admettant cette hypothèse, il faudrait être sûr que ce Leocadius a eu une fille, ce qui n'est nullement prouvé. Grégoire de Tours n'en fait pas mention. Il dit simplement :

« Un des disciples des sept évêques (saint Ursin) étant allé dans la ville de Bourges, annonça aux peuples le Seigneur Jésus-Christ, Sauveur de tous. Un petit nombre d'hommes ayant cru en lui furent ordonnés prêtres... Les sénateurs et les premiers du lieu étaient attachés à des cultes idolâtres. Ceux qui avaient cru allèrent trouver un certain Léocade, l'un des premiers sénateurs des Gaules, qui était de la race de Vettius Epagatus, martyrisé à Lyon pour le nom du Seigneur... Il se fit chrétien et sa maison fut transformée en une église. C'est maintenant la première église de Bourges. » *Grégoire de Tours*, trad. de M. Guizot, page 24.

Aucun texte ne faisant mention de sainte Valérie avant la *Vie primitive* de saint Martial, c'est-à-dire avant l'an 800 environ, l'existence de sainte Valérie ne peut se donner que sous la forme du doute. Son tombeau était, cependant, à côté de celui de saint Martial et y demeura jusqu'en 985, époque à laquelle ses reliques furent transportées à Chambon, dans la Creuse. M. Charles de Lasteyrie « pense que ce devait être quelque grande dame de l'époque barbare qui aura obtenu, en échange de donations importantes, la faveur d'être enterrée à côté du saint évêque ». *Abbaye de Saint-Martial*, page 20.

dats et la résurrection d'Hortarius sont, par la force des choses, du domaine de la fable.

Toutes ces concessions faites, nous entrons dans le vif de notre sujet et la première objection que nous avons à combattre est que la croyance s'oppose à ce que *Stephanus*, prince idolàtre, ait été inhumé dans l'Eglise de St-Pierre-du-Sépulcre qui ne fut construite que beaucoup plus tard (1).

D'après notre opinion, le tombeau de cet illustre personnage est de beaucoup antérieur à l'église où il se trouvait, et notre manière de voir est confirmée par ce fait, hors de discussion, que ce morceau de granit gigantesque était, ainsi que nous l'avons déjà dit, plus large que la porte par laquelle on était censé l'avoir fait entrer.

Il est à présumer que lorsque les Gaulois voulurent élever un monument à saint Martial, ils bâtirent l'église de St-Pierre-du-Sépulcre, sur l'emplacement où se trouvait déjà le tombeau de *Stephanus*, et que, voulant honorer la mémoire de leur ancien chef, ils lui réservèrent une crypte à côté de celle de saint Martial. Le caveau aurait donc été construit sans que le sarcophage de granit ait été déplacé, et sur ce sarcophage même.

En honorant le tombeau de leur chef, les Gaulois faisaient leur cour aux Romains et évitaient les persécutions.

C'est dans le cœur humain, qui cherche toujours à flatter la puissance qu'il redoute, que doit se trouver, malgré le silence de l'histoire, la réponse qui se rapproche le plus de la vérité.

Mais, nous objectera-t-on, cette opinion peut être contestée, et ne suffit point à établir une conviction intime. Tout combat votre sentiment, jusqu'au mot de

---

(1) Nous n'avons que des notions incertaines sur cette église qui dut être fondée pour recevoir le corps de saint Martial. Tout ce que nous savons c'est qu'elle existait du temps de Grégoire de Tours. Le chapitre XXVII du *De Gloria Confessorum* est intitulé : *De sepulchris presbyterorum in « basilicâ S. Martialis »*.

Tève-le-Duc, lui-même, qui, n'étant ni romain, ni patois, ne peut être en français que le nom défiguré d'un personnage que l'on voulait indiquer.

Dans notre esprit, le nom de Tève-le-Duc est celui de *Stephanus dux*, nom romain, que l'on prononce dans l'idiome du pays jusqu'au XIII° siècle *Stèphe*, qui en est le diminutif, et par corruption *Tève*.

Est-il étonnant que le mot *Stephanus*, en traversant tant de siècles, sillonnés par un si grand nombre de nations, ait été défiguré dans l'idiome du pays ?

Avant que la Gaule fût soûmise aux Romains, elle était divisée en plusieurs parties qui avaient chacune, lois, mœurs, langages particuliers. Tout changea après la conquête romaine, les vaincus furent obligés d'adopter la langue des vainqueurs et pendant quelques temps elle domina seule chez eux, jusqu'à ce que de nouveaux conquérants, les Francs au nord, les Ostrogoths, les Wisigoths, les Sarrasins, les Alains, etc., au midi, vinrent la corrompre en y mêlant leur jargon.

On voit, cependant, qu'au milieu de cette confusion de langues, le mot *Stephanus*, comme tant d'autres, a conservé, malgré son altération, son origine romaine dans le mot *Stèphe*.

En acceptant le mot *Stephanus*, dont on a fait *Stèphe*, nous ne pouvons accepter, nous dira-t-on encore, le mot *Duc*, car cette qualification n'existait point encore comme titre et elle aurait pu d'autant moins être usurpée qu'elle indiquait des fonctions à remplir ; elle se donnait aux généraux qui commandaient sur les frontières et qui avaient à la fois le commandement des troupes et le gouvernement militaire du pays, et ce n'est guère que vers le III° siècle que l'on voit cette appellation (1). Les Gaulois obéissaient de leur temps, d'abord

_____

(1) L'empereur Valérien écrivait aux Gaulois, au sujet de Postumius, en 257 : *Transrhenani limitis ducem et Galliæ præsidem Postumium fecimus.* — Trebellius Pollio, *De Postumio*.

à un président, et ensuite à un préfet. Quant à l'Aquitaine, elle était soumise à un président.

Nous répondrons que le mot *Dux*, dont nous avons fait *Duc* en français, n'est pas nouveau dans l'histoire ; il était employé bien avant le troisième siècle.

César rendant compte de la bataille qu'il remporta sur Vercingétorix à la tête de tous les Gaulois, dit : *Sedulius* **dux** *et* **princeps** *Lemovicum occiditur, Vergasillaunus Arvernus vivus in fugâ comprehenditur* (1).

Pour apprécier le mot *duc*, dérivé de *dux*, donné par César à Sédulius, prince des Lémoviques, voyons ce que Jean Rosin (2) nous en dit dans le livre 10° d'un de ses ouvrages : *Duces exercitus apud romanos fuerunt primum reges, deinde consules, dictatores, prœtores, proprœtores et proconsules.*

Ce nom qui, dans son origine, était une dignité purement militaire, devint le titre des magistrats qui gouvernaient les peuples ou qui leur rendaient la justice.

Saint Augustin, avant Rosin, soutenait la même thèse dans l'explication qu'il fait du psaume 61°, quand il dit : *Quam multi et magistratus sunt in civitatibus suis, et judices sunt, et duces sunt et comites sunt et reges sunt.*

Antoine Dadin d'Hauteserre (3) explique, d'autre part, avec beaucoup de clarté, l'origine des ducs et des comtes, leurs droits et leurs privilèges ; ils déroule les moyens qui furent employés pour transmettre ces dignités à la magistrature, de militaires qu'elles étaient en principe. Les ducs et les comtes étaient souvent envoyés avec la même puissance que celle qui appartenait aux présidents et aux préfets.

Pour donner plus d'éclat à leur autorité, ils prirent les titres de ducs et de comtes, comme un moyen de contenir le peuple dans sa soumission.

---

(1) *Commentaires de César : De bello Gallico*, liv. VII, chap. LXXXVIII.

(2) *Joannes Rosinus. Antiquitatum romanarum corpus absolutissimum. ex-variis scriptoribus collectum.*

(3) *De Ducibus et comitibus provincialibus Galliæ*, liv. III, édition de 1653.

Ces titres avaient d'autant plus de prestige sur les Gaulois qu'ils les avaient reçus d'Auguste, ainsi que nous l'apprend Scipion Dupleix (1)

Cet auteur nous a conservé un monument de la puissance de cet empereur, lorsqu'il nous fait savoir qu'après la défaite des germains, Drusus fit élever plus de cinquante châteaux-forts sur les bords du Rhin pour y caserner ses troupes, et que les successeurs du premier César, afin de contenir les Allemands, entretinrent toujours de fortes garnisons à Mayence, sous un gouverneur qui avait le titre de duc, titre qui s'est conservé jusqu'à la division de l'empire

Sidoine Apollinaire (2) ne parle pas autrement en nous disant qu'en 475, les Wisigoths empruntèrent ces titres aux romains pour désigner les gouverneurs généraux des provinces. L'usage les avaient autorisés dans l'empire et les barbares l'adoptèrent.

Jusqu'à l'époque où Constantin eut envoyé des présidents qui dépendaient des préfets du prétoire, les trois provinces étaient gouvernées par des proconsuls sous la dénomination, tantôt de rois, tantôt de ducs, à la volonté des sujets qu'ils avaient à gouverner.

Grégoire de Tours adopte ce sentiment (3); il paraît, d'après lui, que les cités ou pays particuliers étaient gouvernés par des comtes que les princes y envoyaient et qu'ils rappelaient à leur gré. Cet usage qui commença sous les successeurs de Constantin, continua à prévaloir sous les Francs, les Wisigoths et les autres peuples barbares qui s'établirent dans l'empire d'Occident Ces comtes, dont l'autorité était très étendue, étaient subordonnés aux ducs qui avaient plusieurs comtés dans leur gouvernement.

Leurs principales fonctions étaient de commander les

---

(1) Dupleix, *Mémoires des Gaules*, liv. V
(2) *Notæ ad Sydonium*, p. 17.
(3) Grég. de Tours, *Historia Francorum*, liv. VIII, ch. VIII.

troupes et d'administrer la justice dans les provinces de leurs dépendances.

Les comtes, toujours d'après Grégoire de Tours (1), rendaient aussi la justice dans l'étendue de leurs gouvernements particuliers, ou par eux-mêmes ou par des viguiers (vicarii), qui exerçaient les mêmes fonctions dans une partie de chaque comté, divisé en plusieurs vigueries ; il y avait donc trois sortes de juridictions : celle des ducs, celle des comtes, leurs lieutenants, enfin celle des viguiers, substituts de ces derniers.

Ces viguiers faisaient la police à Limoges au nom du vicomte Guy IV°. C'est pour y rendre la justice qu'en 1236, disent nos vieilles chroniques, furent faites les fourches de fils de fer dans le lieu qui en a conservé le nom (2). Les viguiers rendaient là leurs jugements. Ils étaient chargés de surveiller les poids et mesures, les aunages et de fixer le prix du blé, du pain et du vin, enfin de faire tout ce qui était de leur ressort.

Nous appuyant sur les autorités que nous venons de citer, on voit que le mot *dux*, dont nous avons fait *duc*, n'est point nouveau pour signifier une puissance qui gouverne les peuples, ou qui exerce un pouvoir presque souverain.

.·.

Ce n'est pas assez d'avoir démontré que le tombeau de *Tève-le-Duc* ne peut pas être celui de Waïfre, il nous faut encore prouver que le dernier duc mérovingien d'Aquitaine n'est point, ainsi qu'on le prétend, le fondateur de l'église de Saint-Sauveur et qu'il n'y a pas été enterré.

---

(1) Livre VIII, ch. VIII.

(2) Il existe à Limoges deux rues qui ont conservé cette dénomination 1° la *rue des Fourches*, parallèle à la rue des Bouchers et aboutissant d'une part à la place des Bancs et d'autre part à la rue Lansecot; 2° la rue *Vigne-de-Fer* qui part de la place des Bancs et se termine au boulevard Gambetta, anciennement de Sainte-Catherine.

Consultons l'histoire.

Eudes, dont la puissance s'étendait non seulement sur l'Aquitaine proprement dite, mais sur le Limousin, le Berry, l'Auvergne, le Rouergue, sur tout le Languedoc, sauf la Septimanie et même sur une partie de la Provence (1), mourut, on le sait, en 735. Il laissa trois fils : Hunald ou Hunaud, l'aîné, qui fut duc d'Aquitaine, Hatton, qui porta le même titre, et à qui on présume que le Poitou et même le Limousin échurent en partage, et enfin Rémistan.

Vers l'an 745, Hunaud, que Charles-Martel avait vaincu, et qui, depuis la mort de ce dernier, avait pris les armes contre Pépin, fut obligé de se soumettre encore ; mais voulant se venger de son frère Hatton qui ne l'avait point secouru, il eut la barbarie, après l'avoir attiré à sa cour, de lui faire crever les yeux. Il avait à peine commis ce crime qu'il en éprouva des remords, et il ne crut pouvoir l'expier que par un repentir éternel. Il alla donc, quelques jours après, s'enfermer dans le monastère que son père avait fondé dans l'île de Rhé, abandonnant à Waïfre, son fils, sa couronne et ses états.

Devenu duc d'Aquitaine en 745, Waïfre marcha sur les traces de son père et brava les maires du palais. En 750, il donna asile à Grippon, frère de Pépin, et ennemi de celui-ci. En 752, Pépin étant monté sur le trône, Waïfre n'oubliant pas qu'il descendait lui-même de la première race royale, refusa de le reconnaître. Pépin dissimula huit ans, et en 760, il entreprit contre Waïfre une guerre à mort, dans laquelle il employa non seulement des armes supérieures, mais des armes déloyales.

En 765, il attira à son parti Rémistan, oncle de Waïfre, qui, durant deux ans, combattit celui-ci, et qui, revenu à son neveu, fut pris dans une embuscade et conduit à Pépin qui le fit pendre en 768.

---

(1) D. Vaissette, *Histoire du Languedoc*, T. I, p. 370.

Le 2 juin de la même année, l'infortuné Waïfre périt, non les armes à la main, mais lâchement assassiné par quelques-uns de ses domestiques, dont le principal, nommé Warreton, s'était vendu au roi de France.

La plupart des historiens rapportent que c'est en Périgord que Waïfre fut assassiné, mais s'il faut en croire la tradition, il aurait péri dans le Quercy, où une métairie porte son nom ; on montre encore au château de Cénevières, dont dépendait, autrefois, cette métairie, une tour qu'il fit, dit-on, construire.

Après avoir rappelé ces faits, M. de Gaujal, s'appuyant sur les *Mémoires* de Catel (1), l'*Histoire du Languedoc* de Dom Vaissette (2), l'*Histoire de Bordeaux* de D. de Vienne (3), et l'*Art de vérifier les dates*, conclut que Waïfre fonda à Limoges la basilique de Saint-Sauveur.

« — Il n'est pas douteux, dit-il, que l'obligation de fonder ce monastère ne lui eût été imposée par son père lorsque celui-ci lui remit, en 745, ses états et sa puissance ; c'était l'expiation de son crime et il est certain aussi que le duc Gaifre s'empressa de remplir les intentions de Hunaud, puisque Hatton, qui mourut peu après le forfait de son frère, et très probablement de ce forfait, fut ainsi que nous l'apprend la *Charte d'Alaon*, qui a jeté tant de jour sur cette époque de l'histoire de France, enseveli dans l'église du monastère de Saint-Sauveur. Cette circonstance avait fait passer à quelques personnes instruites que le tombeau de *Tève-le-Duc* était celui de Hatton (4). Cette conjecture n'était pas fondée, mais ce qu'il y a de vrai et d'important à recueillir, c'est que le monastère de Saint-Sauveur fut destiné et employé, dès son origine, à la sépulture des ducs d'Aquitaine et de leur famille.

---

(1) P. 539.
(2) T. I, p. 425.
(3) Article Waïfre.
(4) Allou, *Les Monuments de la Haute-Vienne*, p. 252.

« En effet, Artalgarius, fils de Hatton, mort en 778, fut, comme son père, enterré dans l'église de Saint-Sauveur, mais ni ses restes, ni ceux de son père ne se trouvaient plus dans cette église, dès le IXe siècle.

Vandresigile, son fils, comte des Marches de Gascogne, ayant fondé le monastère d'Alaon dans une partie du diocèse d'Urgel qu'il avait conquis sur le duc de Saragosse Amarvan, y fit transporter les ossements de son père Artalgarius et de son grand-père Hatton ; ce fut Stodile (1), alors abbé de Saint-Yrieix, et depuis évêque de Limoges, qui les y transféra en 835 » (2).

A l'époque où M. de Gaujal écrivait ces lignes, il n'avait aucune raison de mettre en doute les faits rapportés par la *Charte d'Alaon*, et de ce que Hatton et son fils Artalgarius avaient été enterrés auprès de saint Martial, il pouvait facilement conclure que la basilique du Sauveur était destinée et employée à la sépulture des ducs d'Aquitaine.

Aujourd'hui, il n'en est plus ainsi et ce document, auquel on a accordé longtemps une si grande confiance n'a pas résisté aux savantes démonstrations de Rabanis et de M. A. Molinier, qui ont prouvé d'une façon irréfutable qu'il était l'œuvre d'un imposteur et qu'il avait été fabriqué au XVIIe siècle.

Le faussaire ingénieux, qui a fabriqué cette charte, comprenant, d'ailleurs, combien il était invraisemblable que les ducs d'Aquitaine aient choisi pour lieu de leur sépulture une église située aux extrêmes frontières de leurs états et exposée à être brûlée par les hommes du nord au premier signal de la guerre, a essayé de réparer cette invraisemblance, fait remarquer très justement M. Charles de Lasteyrie (3), en affirmant que Stodile,

---

(1) « *Stodilo abbate S. Aredii Attanensis, qui, ex lemovicenci Sancti Salvatoris basilicâ, tunc comportavit ad novam ecclesiam beatæ Mariæ lipsanas Hattonis, quondam Aquitaniæ ducis, ac filii sui Artalgarii comitis* »

Charte d'Alaon.

(2) *Bulletin d'Agriculture*, janvier 1833 p. 33 et 34.

(3) M. Charles de Lasteyrie, *L'Abbaye de Saint-Martial*, p. 33.

abbé de Saint-Yrieix, transporta plus tard les restes de ces princes dans l'abbaye d'Alaon en Espagne.

Tout en répudiant la charte en question, Dom Vaissette, dans l'*Histoire du Languedoc*, a cependant admis la légende et a attribué la fondation du monastère de Saint-Martial à Waïfre qui l'aurait établi en 768. Toutefois, il n'affirme rien et se contente de copier Catel qui, non seulement, ne donne aucunes références, mais exprime même son opinion sous la forme du doute : « *On attribue*, dit-il, à ce duc d'Aquitaine la fondation du monastère de Saint-Sauveur où quelques princes de sa famille furent inhumés ».

Ce doute ne pouvant balancer une probabilité fondée sur un titre, afin de renverser cette opinion, nous admettrons pour un instant l'authenticité de la charte en question et nous demanderons s'il est admissible que son auteur ait oublié de consigner la fondation de l'église du Sauveur par Waïfre dans le tableau chronologique qu'il nous a laissé des descendants de Boggis ? Il nous apprend bien que, de concert avec Valtrude, sa femme, Eudes fonda le monastère de l'île de Rhé ; il nous dit bien que Vandresigile, descendant de Boggis, fit bâtir avec Marie, son épouse, fille du comte de Jacca, le monastère d'Alaon en Espagne, mais il passe sous silence la fondation que Waïfre aurait faite de la basilique de Saint-Sauveur à Limoges. Cette lacune entre ces deux fondations est une preuve indiscutable que cette église ne doit pas son érection à ce duc d'Aquitaine.

Sa vie avantureuse ne lui permettait point, du reste, de fonder des monastères ; à la date de 768, ses troupes avaient été battues à différentes reprises par celles de Pépin, la plupart de ses partisans l'avaient abandonné ; le 2 juin de la même année il était assassiné.

A côté de ces arguments, que nous croyons concluants, M. Charles de Lasteyrie en a donné d'autres, tout aussi décisifs, sur le même sujet, dans son étude si documentée : L'*Abbaye de Saint-Martial* ; nous lui laissons la parole :

« On n'a qu'à lire attentivement les chroniques pour être convaincu que les clercs du pèlerinage n'ont pas dû entretenir avec les ducs d'Aquitaine des relations bien amicales. La conduite du roi Pépin en est la meilleure preuve.

« Vers l'an 763, en effet, Waïfre se révolte pour la deuxième fois. Pépin accourt à la tête d'une nombreuse armée ; il ravage l'Aquitaine, assiège Limoges qui refusait de lui ouvrir ses portes, et après s'être emparé de la ville, rase ses murailles (1). Les continuateurs de Frédégaire, auxquels Adémar de Chabannes a emprunté cet épisode, ne font aucune allusion au pèlerinage de Saint-Martial, situé, nous l'avons vu, à une certaine distance de la ville. Le roi Pépin n'aurait pas manqué de le détruire de fond en comble, si Hatton et Artalgarius y avaient été enterrés ; or, nous savons, au contraire, par une addition d'Adémar à cette même chronique, que, quand Pépin revint pour la quatrième fois en Aquitaine, deux ans plus tard, il repassa par Limoges et fit de nombreuses libéralités à Saint-Martial. Il lui donna notamment la villa de Vaury ; il lui fit encore un cadeau plus remarquable, la propre bannière de Waïfre dont il s'était emparé dans une bataille (2).

Comment douter dès lors que les clercs de Saint-Martial, bien loin de recevoir dans leur église les sépultures des ducs d'Aquitaine, n'aient appartenu au parti franc, ou au moins qu'ils n'aient conservé en sa faveur une neutralité assez bienveillante pour que Pépin les en

---

(1) « *Rex Pipinus pervenit usque Lemovicas, et quia non eum susceperunt Lemovicenses in pace, fortiter expugnans Cepit ipsam civitatem et muros ejus destruxit...* » Adémar de Chabannes. *Chronique*, I, chap. LVIII, éd. Chavanon, p. 60.

(2) « *Pipinus revertendo per Lemovicas, contulit sancto Martiali bannum aureum quod ceperat in prelio Valferii, simulque donavit villam de Sancto Valerico canonicis sancti Martialis* ». Adémar de Chabannes, *ibid.*

récompensât en leur donnant la bannière de Waïfre, les dépouilles d'un de ses plus implacables ennemis » (1).

Enfin, et ce dernier argument sera encore plus probant, Waïfre ne peut être considéré comme le fondateur de l'église du Sauveur puisqu'il est admis par les documents les plus anciens, qui sont d'accord sur ce point, que ce monastère ne fut érigé qu'au IX⁰ siècle par Louis-le-Débonnaire (2).

(1) M. Charles de Lasteyrie, *L'Abbaye de Saint-Martial*, p. 39 et 40.

(2) M. Charles de Lasteyrie, dans son beau livre sur l'abbaye de Saint-Martial, rejette l'opinion que ce monastère doive sa construction à Louis-le-Débonnaire.

Repoussant les documents les plus anciens, *Le Chronicon Lemovicense* et ce qui est écrit dans plusieurs passages des sermons d'Adémar de Chabannes, il s'appuie sur les textes de l'époque et notamment sur le diplôme apocryphe de 833 pour démontrer que le fait de la fondation et de la dédicace de l'Eglise de Saint-Martial par l'empereur, en 832, est tout à fait controuvé. Ce diplôme dit en effet : *Ludovicus, Romanorum imperator et rex Francorum, œdificata basilica quam in honore salvatoris mundi œdificari imperaveram... Adstantibus filiis meis, Lothario, Pipino et Ludovico...*

Nous admettons bien, avec M. de Lasteyrie, que le diplôme en question renferme des erreurs manifestes, que le titre d'*empereur des Romains et roi des Francs*, donné à Louis-le-Débonnaire, n'a jamais été porté par ce dernier et qu'il est assez difficile, d'autre part, de supposer la présence à Limoges, en 832, de Lothaire, de Pépin et de Louis, puisque ces princes étaient, à cette époque, en guerre avec leur père ; mais, ceci admis, nous ne pouvons voir dans ce document un faux de toutes pièces, mais simplement un acte restitué.

Nous savons qu'aux X⁰ et XI⁰ siècles l'abbaye fut incendiée à différentes reprises ; le diplôme authentique aura été la proie des flammes et les moines se seront empressés d'en fabriquer un autre, en le transformant et en y ajoutant des détails imaginaires, telle cette assertion : *adstantibus filiis meis, Lothario, Pipino et Ludovico.* — Cette affirmation, en complet désaccord avec l'histoire, faisait bien et les moines n'y regardaient pas de si près quand l'intérêt de leur église était en jeu.

Il y aurait beaucoup de choses à dire sur ce que M. de Lasteyrie a écrit à ce sujet ; il nous plairait de réfuter certaines erreurs, bien minimes d'ailleurs, eu égard au travail si considérable et si ardu qu'il a offert aux archéologues et dont chacun doit le remercier, mais nous devons nous restreindre.

L'étude que nous avons faite de la question, comme la raison, nous inclinent à penser que Louis-le-Débonnaire est bien le fondateur de ce monastère. Alors que les princes, à cette époque de ferveur religieuse, considéraient comme un honneur insigne d'attacher leurs noms à la construction des églises les plus minuscules, des abbayes les moins importantes, celle de Saint-Martial, la plus célèbre de l'Occident, dont le souvenir survit encore après un siècle de disparition, aurait été la seule à ne pouvoir se glorifier d'avoir un souverain pour fondateur !

M. Charles de Lasteyrie nous donne la date de 848 comme étant celle de la fondation de l'église de Saint-Sauveur. Pourquoi cette date qui n'est mentionnée nulle part ? Sans doute, parce qu'elle est celle où les clercs du pèlerinage prirent l'habit monastique et que, par conséquent, on est bien

.
. .

Entrainé par notre conviction, nous avons encore à prouver que Waïfre n'a pas été enterré à Limoges.

Si nous consultons, en effet, Gabriel de Lurbe, dans sa *Chronique Bordelaise*, et Darnal, son continuateur ; Louvet, dans son *Histoire d'Aquitaine* ; Scipion Dupleix, dans son *Histoire de France*, et d'autres écrivains plus modernes, notamment le P. Lecointe et Dom Vaissette, nous verrons que ce malheureux duc d'Aquitaine fut inhumé à Bordeaux et que le peuple appelait son tombeau : la tombe de *Gaïphas*.

André Thévet, d'Angoulême, qui vivait au commencement du XVIe siècle, avait également embrassé cette opinion dans sa *Cosmographie*. Peut-on croire qu'elle n'est pas fondée ?

Le premier écrivain qui l'ait combattue est le P. Fronton-du-Duc, annotateur et correcteur de la partie ancienne de la chronique de Lurbe, qui vivait cinquante-six ans plus tard que Thevet. Il écrivait en 1619 : « Il n'est point vraisemblable que les adhérents de Waïfre prissent la peine de transporter le corps de ce prince de l'endroit où il avait été massacré pour l'enterrer à Bordeaux, au milieu d'un champ. D'ailleurs, n'y avait-il pas d'églises où l'on enterrait dès lors régulièrement

---

forcé d'admettre qu'à cette époque la basilique et les locaux nécessaires à la vie commune des moines, étaient édifiés.

Louis-le-Débonnaire, étant mort en 840, nous demanderons alors s'il est possible que des bâtiments aussi importants aient été construits dans un laps de temps aussi restreint ?

Les ouvriers de ces époques reculées faisaient beau et grand, mais nul ne l'ignore aussi, travaillaient avec lenteur ; certaines cathédrales ont mis des siècles avant de voir leur achèvement. Pouvait-il en être autrement, en Limousin, surtout, où la pierre employée n'était pas le calcaire tendre qui se prête à toutes les fantaisies, mais le granit si dur et si ingrat à ouvrager. Chaque moëllon devait être équarri et taillé au ciseau, et avec les instruments imparfaits dont on se servait alors, la célérité n'était pas permise. Les années qui suivirent la mort de Louis-le-Débonnaire ne furent, du reste, guère favorables aux constructions ; elles furent des plus troublées ; les Normands ravagèrent l'Aquitaine et mirent Limoges à feu et à sang ; les habitants s'enfuirent en emmenant le corps de saint Martial et ne regagnèrent leur ville que longtemps après.

les chrétiens ? Les ancêtres de Waïfre n'avaient-ils pas
bâti plusieurs monastères où il avait le droit de sépulture ? Hunaud, père de Waïfre, qui rentra dans Bordeaux après la mort de son fils, aurait-il permis qu'on
fît une telle injure à sa mémoire ? » (1)

Nous ferons observer que l'opinion du P. Fronton,
n'ayant d'autre base que la vraisemblance, ne peut balancer le témoignage de l'histoire. En nous faisant remarquer que Waïfre avait droit de sépulture dans les
monastères érigés par ses ancêtres, cet écrivain avoue
tacitement qu'il n'a pas été inhumé à Limoges et qu'il
n'est pas le fondateur de cet édifice.

Ce n'est pas par des conjectures qu'on explique les
monuments dont on a perdu la trace.

En repoussant l'opinion des personnes qui pensent
que Waïfre a été transféré à Bordeaux, après son assassinat, lorsqu'il n'y avait pas de difficulté à le déposer
dans une église où l'on enterrait régulièrement les chrétiens, le P. Fronton n'a vu que le cadavre d'un individu
qui a fini ses jours d'une manière naturelle ou violente
et qui a dû, par suite, être enterré dans l'église la plus
voisine ; il n'a pas fait attention que si la mort mois-
sonne indistinctement tous les hommes, les derniers
devoirs qu'on leur rend sont subordonnés à la situation
qu'ils occupent dans le monde ; il paraît avoir oublié
que Waïfre était issu du sang des rois de la première
race, qu'il était duc d'Aquitaine et avait des droits à la
couronne. Ces titres n'étaient-ils pas suffisants pour
exciter au devoir et à la reconnaissance ceux qui lui
étaient attachés, pour qu'ils sauvassent ses restes en-
sanglantés des derniers outrages à redouter d'un monarque aussi cruel que Pépin ?

Qui nous dira même si la politique, qui conseillait à
Pépin de se défaire par un assassinat d'un ennemi
qu'il ne pouvait dompter, ne le poussa point à user de

(1) Le P. Fronton-du-Duc. *Remarques sur la Chronique de Bordeaux.*

générosité ! Pépin n'avait plus à craindre les entreprises guerrières de Waïfre. En abandonnant son cadavre à ses partisans, il cherchait à étouffer son crime. Est-il alors surprenant que ceux-ci, chargés des restes de leur souverain, les aient transférés dans le duché de Guyenne, où avaient été conduites, comme prisonnières, sa mère, sa sœur et sa nièce (1), auxquelles Pépin faisait rendre les honneurs dus à leur rang ?

D. de Vienne est encore moins concluant que le P. Fronton. Dans son *Histoire de Bordeaux*, publiée en 1771, il s'exprime ainsi (2) : « On a prétendu, dans ces derniers temps, que Gaïfre avait été enterré à Bordeaux, dans l'endroit où l'on voit aujourd'hui la Chartreuse ; ce fait n'a aucun fondement dans les anciens historiens. On en connaît neuf, qu'on peut voir dans le second tome de la *Collection de Duchêne*, qui ont parlé de la mort de ce prince. S'il avait été enterré là, ainsi qu'on le prétend, quelques-uns de ces historiens auraient remarqué cette circonstance, si propre à servir les préventions qu'ils témoignent contre ce prince, puisque sa sépulture prétendue, n'étant point en terre sainte, supposait une espèce d'excommunication qu'il paraissait, selon la plupart de ces auteurs, avoir méritée en s'emparant des biens des églises et des monastères. L'opinion dont on parle est donc fausse .. Ce qu'on appelle la tombe de *Caïphas* n'est autre chose que celle de quelque Juif enterré dans cet endroit.

« Le lieu de la sépulture de Gaïfre est, selon les apparences, dans l'église de Saint-Martial, autrefois de Saint-Sauveur de Limoges, qui le reconnaît pour son fondateur ».

Cet auteur, sans discuter le point historique qui nous occupe, rejette comme on le voit la possibilité qu'il y a que Waïfre a pu être enterré à Bordeaux, parce que

---

(1) (*Rex Pipinus*), *Matrem Waïfri et sororem et nepotem ejus usque Garonnam surrexit in loco qui dicitur montis.* » *Annales de France*, chapitre.

(2) Note 7.

Duchêne, dans la collection de ses chroniques fait connaître neuf historiens qui ont parlé de ce prince et qu'il ne s'en trouve aucun qui indique le lieu de son inhumation.

De ce que cette circonstance n'a pas été relatée, peut-être même de ce qu'elle a été oubliée à dessein par les historiens qui ont parlé de ce prince, est-il logique de conclure que le fait est faux ? Enfin, pour démolir de fond en comble le tombeau de Waïfre, D. de Vienne donne comme positif que ce qu'on appelle le tombeau de *Caïphas* n'est autre chose que celui de quelque juif enterré dans cet endroit.

Si D. de Vienne avait consulté Scipion Dupleix, il se serait assuré que ce qu'il dit être la tombe d'un juif qu'il nomme *Caïphas*, était, d'après l'opinion reçue, celle de *Gaïphas*, dont il a fait facilement *Caïphas*, en altérant la première lettre du nom.

Scipion Dupleix est, en effet, formel sur ce point ; après avoir parlé de la Chartreuse, fondée par le cardinal de Sourdis, il ajoute : « L'on y montrait avant cela la sépulture de Gaïfre qu'on appelait « tombeau de *Gaïphas* », pour dire *Gaïphras*, marquant par cette terminaison d'horreur, familière aux gascons, la misérable fin de ce malheureux duc d'Aquitaine » (1).

Girard du Haillan, historiographe de France sous Henri III adopte le même sentiment lorsqu'il écrit : (2)

« Pépin poursuivait toujours Gaifer, étant la résolution de l'avoir mort ou vif, tandis que Gaifer fut tué des siens même. On ne sait trop s'ils commirent cet exécrable forfait pour acquérir l'amitié de leur tout puissant et vertueux ennemi ou pour quelqu'autre plus juste occasion, et fut Gaifer enterré dans un marais, près la ville de Bourdeaux, derrière l'église Saint-Seurin, là où on *appert encore un grand tombeau de pierre lequel par*

---

(1) Scipion Dupleix, *Histoire de France*, T. I, p. 292.
(2) *Histoire de France*, T. I, p. 141.

nom corrompu et par une opinion ignorante, ceux du pays appellent le tombeau de Caïphas » (1).

Examinons maintenant ce que dit l'abbé Venuti, qui fournit une preuve de fait. Cet ecclésiastique, qui était, en 1743, correspondant de l'Académie des Inscriptions, consulté sur les débris d'un tombeau qu'on croyait être celui de Gaifre, et qui fut trouvé lors de la plantation des magnifiques promenades dont M. de Tourny embellit la ville de Bordeaux, dit après qu'il en eut fait l'examen : « Je ne vis qu'un gros carreau de maçonnerie rompu en plusieurs morceaux; il paraissait avoir été incrusté de marbre blanc; j'en remarquai plusieurs pièces. Enfin, ayant aperçu un grand trou carré au milieu de cette niche informe, je ne doutai plus qu'elle n'eût servi de base à une croix de bois ou de pierre, qui avait été abattue par les injures du temps. A cette base aussi méconnaissable, le peuple aura attaché l'idée du tombeau de Gaifre, prince célèbre par ses malheurs, et dont le nom, un peu défiguré, avait passé jusqu'à lui » (2).

La conclusion de cette · étude consacrée à Gaifre par l'abbé Venuti, loin de battre en brèche la croyance que nous avons de l'inhumation à Bordeaux de ce duc d'Aquitaine, n'a fait que la consolider.

Pour que la voix publique, en effet, s'élevât avec pareille force à l'apparition de cette pierre funéraire cachée depuis longtemps, et proclamât que c'était le tombeau de Waïfre, il fallait que le pays en eût conservé le souvenir vivace par la tradition ; sans soutenir que ce carreau de maçonnerie a dû faire partie du tombeau qui nous occupe ou qu'il était le tombeau lui-même, nous avons, cependant, quelques observations à faire sur la description que nous a laissée l'abbé Venuti.

L'analyse qu'il fait de ce monument nous porte à

(1) Le R. P. Dupuy, Récollet, partage cette manière de voir. Voyez l'*Etat de l'Eglise du Périgord depuis le Christianisme*, p. 159.

(2) Venuti, *Dissertations*, Bordeaux 1754, p. 114.

croire qu'il a eu une autre destination que celle de servir de socle à une croix. Pourquoi ces fragments de marbre blanc autour de ce gros carreau ? Le marbre qui n'était réservé qu'aux monuments qui éternisaient la grandeur, aurait-il été employé à consolider une croix dans une maçonnerie s'il ne s'était déjà trouvé sur le lieu de son érection ? N'est-il pas admissible de penser que cette croix a pu être plantée par Hunaud non loin du tombeau de son fils?

L'histoire nous dit qu'Hunaud, qui s'était dépouillé du duché d'Aquitaine en faveur de Waïfre, pour se retirer dans un monastère, quitta sa solitude pour venger sa mort. Est-il alors hors de vraisemblance que le symbole de la rédemption ait été placé près de la tombe de celui que l'on voulait cacher aux yeux de ses ennemis !

Le symbole de la croix était, dans ces temps reculés, un moyen d'irriter ou de calmer l'effervescence des passions du peuple, plus fanatique que religieux ; d'ailleurs, si l'on se rappelle que Waïfre était dans son duché, qu'il était aimé de ses sujets, que pendant neuf ans ceux-ci défendirent ses droits contre Pépin, on ne peut être surpris que ses adhérents, qui ne souillèrent pas leurs mains dans son sang, ne se soient emparés de ses dépouilles pour les transporter à Bordeaux où, depuis un an, sa famille était retenue prisonnière.

Cette opinion est d'autant plus soutenable que la mort de ce prince a eu lieu avant la bataille que Pépin était à la veille de lui livrer ; les armées étaient en présence ; à la suite de son décès, les hostilités furent suspendues, et Pépin, n'ayant pas à sa disposition le corps de son ennemi, il est certain qu'il fut enlevé du lieu où il fut assassiné et réuni à sa famille.

Nous croyons donc devoir conclure que Waïfre n'a pas été enterré à Limoges et que les événements, d'accord avec la politique et la tradition du pays, attestent que ses restes reposent à Bordeaux.

Le tombeau de Tève-le-Duc n'est donc pas celui de Waïfre, il est celui de *Stephanus*.

Si l'on veut s'en rapporter à une tradition orale de dix-huit siècles, qui est conforme à l'histoire, on conviendra qu'elle a acquis ce degré de confiance qu'une interprétation forcée de *Gaifre* pour *Tève* ne peut détruire.

Le peuple obéit toujours, malgré lui, aux règles de la philologie et le mot Waïfre ou Gaifre n'a jamais pu, malgré toute la complaisance qu'on puisse y mettre, se changer en Tève.

LA CHICHE

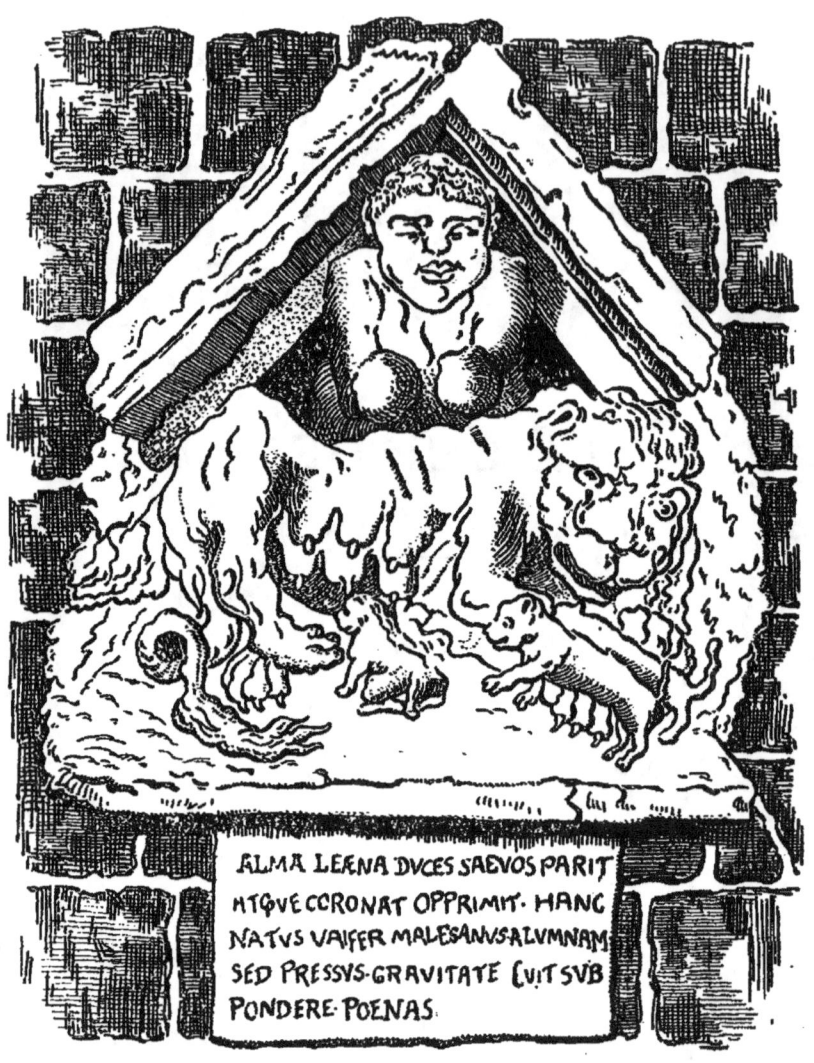

ALMA LEÆNA DVCES SAEVOS PARIT
ATQVE CORONAT OPPRIMIT· HANC
NATVS VAIFER MALESANVS ALVMNAM
SED PRESSVS·GRAVITATE CVIT SVB
PONDERE·POENAS·

LA CHICHE

De tous les monuments anciens de la ville de Limoges, *La Chiche* est peut-être celui qui a le plus intrigué les érudits limousins, sans que les uns et les autres en aient donné une explication satisfaisante.

Ce bas-relief en granit grossier, d'une largeur de trois pieds sur quatre de hauteur, était placé dans le mur méridional de l'église de St-Martial, et c'est, dit-on, Louis-le-Débonnaire qui l'y fit encastrer ; il y était encore en 1792, lorsque fut démolie la célèbre abbaye ; M. Juge St-Martin en fit alors l'acquisition et le plaça dans sa pépinière.

En 1804, *La Chiche* passa au pouvoir de M. le comte de Choiseul-Gouffier, qui la donna au Musée des monuments nationaux. Elle a disparu depuis la dispersion regrettable des antiquités qui formaient ce musée si éminemment français.

Nous avons trouvé, dans les archives de l'abbé Texier, un dessin de ce monument et nous en donnons une reproduction.

Il représente, comme on le verra, une lionne ayant trois lionceaux auprès d'elle, l'un cherchant la mamelle et les deux autres paraissant jouer entre les pattes de leur mère. Sur le dos de la lionne paraît, jusqu'à la ceinture, un homme nu, ayant les deux bras terminés par deux moignons en forme de boules et appuyant ces deux moignons sur l'animal. L'homme est vieux ; il porte la tonsure ou couronne monacale.

Sous le bas-relief et sur une lame de cuivre mobile, on lisait l'inscription suivante :

Alma leœna duces sœvos parit atque coronat.
Opprimit hanc natus Vaïfer malesanus alumnam ;
Sed, pressus gravitate, luit sub pondere pœnas.

Lors du passage de Henri IV à Limoges, en 1605, et afin que ce prince put considérer ce monument de près, on en avait placé une copie auprès de la fontaine du cloitre de St-Martial.

Au-dessous, on écrivit les trois vers rapportés plus haut et l'on ajouta :

Ludovicus Pius, imperator et Gallorum rex, ob devictos à Pipino avo Gaïfrum et à Carolo Magno patre Unaldum, ecclesiarum Aquitaniœ expilatores, pacis infractores ac recidivos hostes, hoc monumentum in exteriori pariete hujus œdis ab eo constructœ poni curavit, in œvumque dicavit anno Christi DCCCXXXII.

✱ ✱

Avant de donner une explication, et du monument, et de l'inscription, voyons ce qu'en ont dit les écrivains qui, avant nous, s'en sont occupés (1).

Tripon, dans l'*Historique monumental* de l'ancienne province du Limousin, s'exprime ainsi :

« *La Chiche* avait été encastrée dans la muraille de la
« basilique de St-Sauveur pour perpétuer le souvenir
« de la victoire de Pépin-le-Bref sur Waïfre... Un des

---

(1) Le Père Bonaventure de St-Amable, a, lui aussi, parlé de *La Chiche*, mais toujours occupé de la gloire de saint Martial et de son église, il ne veut voir dans ce bas-relief qu'une allusion au couronnement des ducs d'Aquitaine dans la basilique de St-Martial ; suivant lui, la lionne serait cette église même, (en possession de créer et de nourrir des ducs et des rois) — *parit atque coronat* — et le lionceau qui semble la menacer représenterait le duc Waïfre.

Allou, dans la *Description des Monuments de la Haute-Vienne*, p. 10, donne un avis sommaire. « Louis-le-Débonnaire, dit-il, fit placer dans le mur extérieur de cette basilique, le célèbre bas-relief *La Chiche*, objet de nombreuses discussions entre les érudits, et que l'opinion la plus probable fait regarder comme un monument de la défaite de Waïfre. »

Dom de Vienne, dans son *Histoire de Bordeaux*, publiée en 1771, s'exprime ainsi : « On voit, dans cette église, une lionne qui accable par son poids deux lionceaux avec une inscription qui fait sensiblement allusion aux ravages de l'Aquitaine, occasionnés par la guerre des Français et du duc d'Aquitaine (Waïfre), dont elle suppose que le dernier reçoit le châtiment dans le lieu même, ce qui ne peut signifier autre chose sinon que cet endroit est le lieu de sa sépulture. »

« lionceaux, qui déchire le sein de sa mère, fait allusion
« à Waïfre; les deux autres rappellent deux ducs d'Aqui-
« taine de la race mérovingienne, Hatton et Hunaud...
« La figure d'homme qui surmonte la lionne est, sans
« doute, celle de Pépin ; elle exprime par sa position
« que ce prince, irrité de la longue résistance de l'Aqui-
« taine, la retiendra par la force sous son autorité ».

Tripon termine cette courte notice par une fantaisie ;
il donne en vieux vers français la traduction de l'inscription :

> « La nourrice lionne
> « Les ducs enfante et corone ;
> « Waïfer, opprimant, insensé ! sa nourrice
> « Qui l'avait engendré. Cette atroce malice
> « Attire un châtiment qui luy cause la mort ;
> « Ses sujets sont contre luy bandant tous leurs efforts ».

Au sujet de cette interprétation, nous ne dirons qu'un
mot.

Etant donné qu'il est admis que ce fut Louis-le-Débonnaire qui fit encastrer ce bas-relief dans l'église de
Saint-Sauveur, nous demanderons s'il est admissible qu'il
ait fait représenter son aïeul Pépin par cette figure
ignoble et mutilée? Cette tête de moine ne peut être celle
d'un chef des Francs, d'un prince à la *longue chevelure*.
Quelque ignorant qu'on suppose l'artiste, il aurait su
représenter un roi, un guerrier vainqueur ; il l'aurait
coiffé d'une couronne ou d'un casque.

M. de Gaujal, à son tour, après avoir affirmé que ce
bas-relief avait été placé à côté de l'entrée principale de
l'église de Saint-Martial « pour flétrir à jamais le nom de
Gaifre et pour vouer à la haine publique l'auteur de
tous les maux de l'Aquitaine », ajoute plus loin (1):
« Il n'est pas douteux que la lionne est l'emblème de
l'Aquitaine, et si nous nous rappelons, d'autre part, que
cette dernière eut six ducs héréditaires : Boggis et Ber-

_____

(1) *Bulletin de la Société royale d'agriculture*, p 44 et 45, janvier 1833.

trand en 637, Eudes en 688, Hunaud et Hatton en 735, enfin Gaifre de 745 à 768, nous saurons pourquoi la lionne, représentant l'Aquitaine, fut figurée par six mamelles. Trois de ces ducs, Hunaud, Hatton et Gaifre firent la guerre aux Carlovingiens, de 735 à 768 ; on les représenta sous l'emblème de lionceaux qu'on qualifia *sævos*, à cause des malheurs et des guerres dont on voulait les faire regarder comme les auteurs. Enfin, Gaifre, le dernier d'entre eux, sur qui ce duché avait été confisqué, à qui les Carlovingiens enlevèrent l'Aquitaine en 768, Gaifre, devait être représenté par eux comme le plus indigne de tous les ducs, comme le plus coupable aux yeux de Dieu et des hommes. *Le monument le désigna sous l'emblème d'un lionceau, qui, avec sa griffe, déchire le sein qui l'allaite et sous la figure d'un homme qui pèse de tout son poids sur l'Aquitaine comme cherchant à l'écraser* (2), et en même temps l'inscription exprime que, victime de son ingratitude, il a trouvé là même son châtiment. Ainsi l'inscription signifie :

« *Les ducs engendrés et couronnés par l'Aquitaine ont fait son malheur. Gaifre, le dernier de ses enfants dénaturés, opprime sa mère et déchire le sein qui l'a nourri ; mais son crime lui coûte la vie et prive sa postérité de la couronne.*

« Ce monument, cette inscription, étaient le procès, la condamnation des ducs d'Aquitaine, la proscription de la race mérovingienne dans ce pays, la justification de l'avènement de Louis à son royaume. »

Nous sommes loin d'adopter l'opinion de M. de Gau-

---

(2) M. de Gaujal adopte ici, l'opinion déjà émise par M. Duroux. « Cet écrivain dit, en effet, que « Louis le Débonnaire, voulant perpétuer le souvenir des victoires de Pépin-le-Bref sur Waïfre, fit placer une lionne de pierre devant le mur méridional de l'église St-Martial ; » et plus loin : « Waïfre paraît représenté tenant en ses mains deux boules et les coudes appuyés sur la lionne, comme s'il voulait l'opprimer. (*Opprimit hanc, etc...*) « Le dernier vers, *sed pressus gravitate*, veut dire, ce semble, que ce duc étant enseveli sous la lionne, expie sous ce fardeau lourd, les peines dues à ses forfaits. (*Luit sub pondere pœnas*). On dit effectivement que le tombeau de Waïfre était sous ce monument. » *Sénatorerie de Limoges*, page 109.

jal qui enveloppe d'un emblème le monument qui nous occupe ; il n'est à nos yeux qu'une allégorie et l'allégorie étant une représentation de l'image d'une autre chose avec laquelle elle a des rapports sensibles, nous nous permettrons de demander pourquoi Waïfre est représenté sous une figure qui foule celle qui le nourrit et sous celle d'un lion qui la déchire. Cette double allégorie peut-elle être admise dans le même sujet ? Peut-on croire que Waïfre est tout à la fois un lionceau qui déchire sa mère et un homme qui pèse sur elle de tous ses efforts ? Ce rapprochement, hors de vraisemblance, étouffe toute réflexion.

La lionne, figurée sur ce bas-relief, serait-elle, d'autre part, l'emblème de l'Aquitaine ainsi qu'il l'a été admis par M. de Gaujal et par tous ceux, sans exception, qui ont traité du sujet ? Nous ne le pensons pas, et s'il est hors de doute que le bas-relief en question est du IXe siècle, il n'en est pas de même des lions en pierre que l'on voit encore à Limoges (1). Ils doivent être bien antérieurs aux ducs d'Aquitaine de la première race.

Ce sera toujours l'histoire qui nous servira de fanal au milieu des ténèbres qui nous entourent. Le temps qui, de son doigt d'airain, a sillonné les monuments qui nous occupent et dont par système, on dénature l'origine, atteste que leur emblème appartient à des siècles plus reculés et a été imposé par les conquérants à différents pays (2).

---

(1) Quatre lions en pierre existent encore à Limoges ; deux se trouvent à la porte de l'église de St-Michel, le troisième est incrusté dans le mur du portail Imbert, et le quatrième se trouve dans les jardins du musée Adrien-Dubouché.

(2) M. Guibert signale les cathédrales de Grenoble et de Cordoue comme possédant des lions semblables à ceux de Limoges, ainsi que l'église St-Laurent-in-Damaso à Rome.

Le *Dictionnaire topographique de la Meuse*, par M. Félix Liénard, nous apprend également (page 130), qu'il y avait à Verdun, aux pieds d'une des tours de la cathédrale, un lion de pierre qui marquait la limite de la juridiction du chapitre. M. Julien Havet, s'appuyant sur ce fait, attribue même destination à un lion qui se voyait à Montfaucon, en Argonne, au XIIIe siècle. On lit, en effet, dans une enquête de cette époque : *Incipit enim*

Que sont, en effet, les emblèmes? Ils sont communément les signes caractéristiques de l'intention de ceux qui les proposent. Il faut donc chercher l'étymologie de ce mot. Les auteurs en offrent deux. Selon les uns, la Gaule aquitanique a pris son nom des Gaulois aquitains ; il est à croire que ces peuples avaient formé ce mot de deux anciens mots celtiques *Acheil-Anne* qui veulent dire : *Demeure aux environs des bois*, ce qui est conforme à la nature du pays, revêtu d'immenses forêts dans ces temps reculés. Les seconds, qui sont plus nombreux, tirent son origine de l'abondance des eaux, *ab aquis*, dont la vraie Aquitaine était couverte.

De ces deux étymologies, la première nous paraît plus naturelle parce qu'il est plus vraisemblable que ce nom soit dérivé de la langue celtique, que de la romane, inconnue à ces peuples avant la conquête du pays par les Romains.

Telle opinion que l'on adopte, d'ailleurs, sur ces deux étymologies, aucune ne se rapproche de celle qui nous assigne la lionne comme étant l'emblème de l'Aquitaine.

Les lions ne pouvant être regardés comme les signes caractéristiques de l'Aquitaine, nous avons à rechercher quels furent les insignes dans ce pays.

André Savin (1) nous ayant fait connaître les enseignes des peuples du Nord, nous allons indiquer les nations qui marchaient de conquête en conquête sous l'insigne du lion et les peuples qui ont conservé ce signe de leur défaite.

Remontant aux premières invasions barbares, nous voyons Wallia, roi des Wisigoths, s'établir dans les Gaules ; nous savons qu'à la tête de ses armées, il entra dans l'Aquitaine et qu'il s'en rendit maître ; les peuples qu'il conduisait, quoique presque tous sortis de la même

---

a *Leone Montefalconis*. Ce lion aurait donc servi à marquer la frontière de la France et de l'empire. — *Bibliothèque de l'École des Chartes*, 1881, p. 391.

A Angers, il existe aussi plusieurs lions de pierre.

(1) *Histoire de Navarre*, liv. I⁰, pag. 34 et 35.

contrée, se distinguaient par leurs costumes, leurs armes et leurs enseignes.

Les lions étaient les armoiries et les enseignes communes aux nations germaniques.

Les Francs les portaient d'or en champ d'azur. Les Goths, Ostrogoths et Wisigoths les portaient en champ d'or de gueules, mais ils étaient passants et léopardés.

Les rois de Danemark ou de Scandinavie portaient d'azur à trois lions d'or supportés l'un sur l'autre.

Les Alains, les Vandales et les Suèves portaient d'argent au champ de sable, symbole de la liberté suivant Methodius.

Les Cimbres avaient un taureau pour enseigne ; ils en portaient un de bronze sur une pique au front de leurs armées et juraient sur ce symbole, comme nous l'apprend Plutarque dans la vie de Marius.

On peut donc conclure de ce que nous venons d'établir que le temps seul a fait disparaître l'origine de ces lions dont l'histoire nous a laissé la tradition. L'Aquitaine, ayant été soumise par Wallia, il est à présumer que ce conquérant y a laissé les marques de sa domination.

La forme grossière de ces statues, l'usure de ces pierres de granit, dont la dureté est bien connue, indiquent assez qu'elles appartiennent à des siècles plus reculés que l'époque qu'on leur assigne (1).

On peut expliquer de la même façon la présence des lions dans les Cathédrales de Cordoue et de Grenade et dans l'église de St-Laurent-in-Damaso, à Rome.

L'Italie, occupée et ravagée par Alaric, vit sa capitale prise d'assaut à deux reprises différentes, en 409 et 410, par ce roi barbare qui porta même le théâtre de ses

---

(1) Certains écrivains estiment à tort que ces lions sont du X° siècle ; l'abbé Arbellot reporte, cependant, leur origine à l'époque Carlovingienne. M. Guibert, sans se prononcer, nous apprend qu'il n'en est fait mention pour la première fois qu'au XI° siècle, dans une charte du prieuré d'Aureil d'après laquelle un acte aurait été passé devant l'église St-Michel entre les lions.

exploits jusqu'en Espagne, où il avait été précédé par les Alains, les Suèves et les Vandales,

Ataulf, successeur et beau-frère d'Alaric, rendit cette conquête définitive et conçut le projet de faire de tout l'Occident un vaste empire, en substituant le gouvernement des Wisigoths à celui des Romains.

Quoi d'étonnant alors que ces peuples, établis d'une façon permanente dans ces pays conquis, y aient laissé ces monuments, témoignages de leurs victoires et emblèmes de leur puissance (1). Ils imitaient les Romains dont la civilisation les émerveillait. Frappés d'étonnement à la vue de ces villes somptueuses, des aqueducs et des routes, ils cherchaient à copier les vaincus. La cour barbare de Toulouse rappela celle des empereurs ; on s'y appliquait à imiter la politesse et la dignité romaines. Les rois Théodoric et Euric surtout, dépouillèrent presque complètement la rudesse germanique ; l'un lisait Virgile en latin, et, comme le prouve une lettre de Sidoine Apollinaire, partageait sa journée entre le plaisir des barbares et les occupations d'un prince civilisé ; l'autre s'entourait de rhéteurs et de jurisconsultes et se plaisait à écrire des lettres en un style dont on louait, en Italie même, la pureté et l'élégance.

Le lion ne saurait donc être l'emblème de l'Aquitaine ; les ducs de la première race qui ont gouverné cette province y ont trouvé ces monuments, élevés par la victoire, et il n'est pas possible de conjecturer qu'issus du sang des rois dont ils défendaient la conquête, ils aient arboré un drapeau autre que celui de leurs ancêtres, qui était un écusson couvert d'un nombre indéterminé de fleurs de lys. C'était le signe de ralliement qu'ils devaient présenter à leurs troupes et non

---

(1) Il est à remarquer, et cette remarque vient à l'appui de notre thèse, que les lions de pierre n'existent que dans les pays conquis par les peuples du Nord, ayant le lion comme emblème.

le lion, qui, trop souvent, avait été témoin de leurs défaites.

On verra, d'ailleurs, dans un instant, que la lionne figurée sur le bas-relief ne représente pas l'Aquitaine, mais la France. L'épithète d'*alma*, donnée à *Leœna*, est trop significative pour qu'il soit possible d'avoir une autre opinion, car, si *alma leœna* ne représente pas la France, il n'est pas permis de penser qu'une lionne a enfanté des ducs.

Enfin, autre affirmation, et autre erreur. La lionne serait représenté avec six mamelles parce que l'Aquitaine aurait eu six ducs héréditaires, commençant à Boggis et finissant à Waïfre.

La puissance des ducs de la première race sur le Limousin, qui faisait partie de l'Aquitaine, ne date que de Eudes. Nous savons, en effet, que ce prince était, par Boggis, son père, petit-fils de Charibert, roi de Toulouse. En 688, il hérita de la partie du duché d'Aquitaine et de Gascogne possédée par le duc son père et y joignit l'autre partie de ces duchés, grâce à la cession que lui en fit Hubert, son cousin germain, fils et héritier de Bertrand, son oncle paternel.

Ce prince épousa Valtrude, fille du duc de Valchigize, proche parent et de la famille même de Pépin d'Héristal, bisaïeul de Charles-le-Chauve.

Telle était la situation de Eudes, duc d'Aquitaine neustrienne, un an après la bataille de Testry, après laquelle Pépin d'Héristal, père de Charles-Martel, s'empara de toute l'autorité et prit le titre de gouverneur du royaume, sous la qualité de prince français.

Le pouvoir excessif que s'arrogea ce ministre servit les projets de Eudes pour se rendre indépendant et étendre sa domination sur le reste de l'Aquitaine.

Représentant le roi légitime renversé de son trône, il estimait que sa naissance le dispensait d'obéir à un usurpateur.

On ne peut en douter, c'est par suite de cette dépendance, dont Eudes voulut s'affranchir, que, profitant de cette circonstance fâcheuse qui obligeait Charles à pacifier la Bourgogne et à réduire les Frisons par les armes, il s'empara de cette partie du royaume. Voilà sûrement l'époque qu'il convient d'assigner à la souveraineté que lui et ses successeurs affectèrent dans la suite sur toute l'Aquitaine. Il ajouta alors aux Etats qu'il possédait déjà : le Berri, l'Auvergne, le Limousin, le Bourbonnais, le Rouergue, l'Albigeois, le Velay, le Gévaudan et l'Uzège (1)

La réunion que fit Eudes de ces provinces à ses états, est une preuve que le Limousin dépendait du royaume de Paris, depuis le partage que Dagobert avait fait de ce pays avec Charibert, son frère (2).

Il est donc certain que Eudes, Hunaud, Hatton et Waïfre sont les seuls ducs mérovingiens qui ont régné sur cette partie de l'Aquitaine.

Prétendre, dès lors, que la lionne est représentée avec six mamelles, contre l'ordre de la nature qui ne lui en a donné que deux, parce qu'il y a eu six ducs héréditaires, est du domaine de l'imagination.

Nous l'avons déjà dit, ce bas-relief n'est qu'une allégorie et il faut se reporter à l'époque où il fut encastré dans l'église de St-Sauveur pour en donner une explication rationnelle. Il est hors de doute qu'il faisait allusion aux événements survenus dans le pays ; c'est donc dans ces événements qu'il faut en chercher la signification.

M. Grellet-Dumazeau en a donné une interprétation (3) qui n'a satisfait qu'à moitié notre curiosité ; sous bien des rapports, cependant, ses observations présentent un grand fond de vérité. Après avoir donné la traduction

---

(1) L'*Histoire du Languedoc* confirme notre assertion. T. I, page 338.
(2) Fredegaire, chap. LVI.
(3) *Bulletin de la Société d'Agriculture*, octobre 1839, page 106 et suiv.

de l'inscription (1) il fait remarquer très judicieusement qu'il est inadmissible que Louis-le-Débonnaire ait voulu élever un monument insultant ou affligeant pour cette province. L'aurait-il voulu, qu'il ne le pouvait pas. « L'Aquitaine, dit-il, était restée si puissante après la défaite de Waïfre qu'elle avait refusé de se confondre avec la *France* proprement dite et qu'elle avait exigé un roi particulier. Charlemagne, en lui donnant un enfant pour roi, avait, par le fait, laissé la principale autorité aux hommes puissants du pays.

« L'inscription qui présente l'Aquitaine opprimée par Waïfre, puis entraînant Waïfre dans sa ruine est en contradiction avec la pensée présumée du monument.

« Elle est aussi en contradiction avec sa composition matérielle. Il ne présente qu'une lionne en repos, dans toute la quiétude maternelle, ne souffrant aucune atteinte de la part de ses lionceaux et n'en fatiguant aucun de son *poids*. Rien ne donne là l'idée du double supplice que l'inscription inflige à la lionne, de l'oppression de son lionceau et de l'oppression qui retombe sur son lionceau lui-même.

« Ce qui dans cette composition caractérise particulièrement l'intention et même le talent de l'artiste, c'est l'impuissance évidente des efforts que fait le vieux moine pour troubler le repos et irriter la colère de la lionne. En vain il la frappe ou la presse de ses deux moignons : elle ne s'irrite point ; elle parait ne point sentir le poids de celui qui s'appuie sur elle. Cette lionne ne représenterait-elle pas l'Aquitaine vainement excitée à la colère et à l'insurrection ? Revoyons l'histoire :

« Après la mort de Waïfre, Hunaud, son père, qui s'était fait moine, quitta son cloître et essaya, en 769, de soulever encore l'Aquitaine contre la nouvelle dynas-

---

(1) « Cette belle lionne donne la vie à des ducs cruels et les couronne. Né d'elle, l'insensé Waïfre opprime sa nourrice ; mais lui-même, accablé de sa pesanteur, subit sa peine en succombant sous le poids. »

tie. Mais cette province, qui respirait à peine après seize ans de combats, refusa de seconder les efforts du prince moine. Celui-ci fut obligé de fuir à l'approche du jeune roi Charles. Il se réfugia chez Loup, duc des Gascons, qui le livra avec sa femme. Charles enferma cette famille dans le château de Fronsac.

« Si on applique notre bas-relief à ces derniers faits, il n'a besoin d'aucune explication forcée.

« C'est l'Aquitaine en repos, allaitant sa génération naissante, et ne donnant aucune attention aux efforts que fait un vieux moine pour la faire lever, pour l'exciter au combat.

« Hunaud est ici caractérisé non seulement par sa tonsure, mais encore par deux moignons, emblêmes de sa faiblesse et de sa caducité.

« Le monument ainsi compris a pu être élevé par le vainqueur d'Hunaud sans humilier l'Aquitaine. Cette province elle-même a pu l'ériger à la gloire de son nouveau prince, puisque la chute de sa vieille dynastie l'élevait au rang de royaume. »

*
* *

Le grand tort de tous les archélogues qui ont parlé de la *Chiche* a été de vouloir expliquer ce monument, sans chercher à expliquer l'inscription elle-même, que certains ont même jugée inexplicable.

C'est, cependant, de son interprétation que doit jaillir la lumière. Nos recherches laborieuses, nous ne craignons pas de l'avouer, apporteront, espérons-le, une solution à cette énigme.

La traduction donnée par M. de Gaujal n'étant que l'explication qu'il fait du monument et celle de M. Grellet-Dumazeau ne nous donnant pas, d'autre part, entière satisfaction, nous allons en fournir une littérale :

La lionne nourricière enfante et couronne des ducs cruels.
Son fils Waïfre, insensé ! opprime celle qui le nourrit,
Mais accablé par la lourde masse, il expie ses crimes sous le poids.

Si on veut bien, maintenant, jeter un coup d'œil sur le bas-relief, c'est en vain qu'on cherchera les *sœvos duces*. On n'y verra ni l'enfant dénaturé qui déchire le sein de sa mère, ni cet enfant succombant sous le poids d'une infortune qu'il a causée.

Les expressions : *pressus gravitate* et *luit sub pondere*, qui semblent, en effet, faire croire que Waïfre est enseveli sous la lionne et expie sous ce fardeau les peines dues à ses forfaits, ne peuvent retenir l'attention. Une réflexion bien simple détruit cette conjecture : c'est que l'église de St-Martial, ainsi que nous l'avons démontré, ne fût bâtie qu'au IXe siècle et que Waïfre était mort dès 768 ; il ne pouvait donc être enterré là (1).

Autant d'affirmations, autant de contre-sens, qui nous fournissent la preuve que le premier vers a subi une altération et que les deux autres ont dû être ajoutés après coup.

Les différents écrits qui nous sont parvenus sur ce monument le confirment.

Les annales manuscrites de Limoges rapportent (2).

« Que Louis-le-Pieux fit édifier l'église de St-Sauveur,
« à Limoges, à présent appelée St-Martial, et fut mis
« contre la muraille du côté du midi, la figure d'une
« lionne qu'on y peut voir encore, tenant en ses pattes
« deux lionceaux dénotant en icelle avoir été première-
« ment couronnés les rois et ducs d'Aquitaine ; et
« dessous fut écrit ce qui suit :

> *Alma leœna duces « servos » parit atque coronat.*

« et pour l'oppression faite à l'église d'Aquitaine par
« Waïfre, fut mis sous la dite lionne un lionceau frap-
« pant icelle lionne, et étaient aux pieds les deux vers
« suivants :

---

(1) Lorsque le bas-relief fut enlevé, lors de la démolition de l'Eglise, on ne trouva rien sous le sol qu'il avait occupé.

(2) Folio 36.

« *Opprimit hanc natus Waïfer malesanus alumnam,*
« *Sed, pressus gravitate, luit sub pondere pœnas* ».

Cette première inscription, comme on le voit, diffère de celle qui fut présentée à Henri IV, en ce sens que l'épithète de *servos* remplace celle de *sœvos*.

La deuxième version qui se trouve dans nos annales manuscrites est, en tout, conforme à la première, mais elle donne à entendre que « *par ceux de l'église* fut mis « dans la muraille regardant la fontaine du cloître, près « la grande porte de l'église, une devise qui est une « lionne tenant deux lionceaux signifiant Waïfre qui « avait été couronné en icelle, l'avait opprimée et étaient « gravés en vers latins sur une lame de cuivre, les vers « latins qui sont à côté ».

Voilà donc deux manuscrits qui nous ont transmis le mot *servos*.

La troisième inscription que nous connaissons de ce monument, nous a été transmise par Besly dans son *Histoire des comtes de Poitou et de Guyenne*. Il dit à ce sujet : « A l'aspect du Midi, Louis-le-Débonnaire y fit « graver en relief la figure d'une lionne, tenant en ses « griffes deux lionceaux et au-dessous ce vers latin :

« *Alma Leœna duces* « *servos* » *parit atque coronat.* »

Besly, en disant que l'on grava sur le monument ce vers latin, adopte l'opinion rappelée dans les annales de Limoges et avoue tacitement que les deux autres y ont été ajoutés.

« Au-dessous de la lionne, continue le même auteur, « se montre un lionceau de pareil ouvrage, le pied en « l'air, faisant mine de le détacher sur sa mère et au- « dessous les vers suivants :

« *Opprimit hanc natus Waïfer* « *maleservus* » *alumnam,*
« *Sed pressus gravitate luit sub pondere pœnas.* »

Cette version est encore plus explicite que les deux premières, puisqu'elle applique en particulier à Waïfre l'épithète qui, dans le premier vers, caractérise les ducs qu'elle désigne.

Comme l'historien des comtes de Poitou ne s'est occupé de cette inscription et ne l'a consignée dans son ouvrage que pour prouver contre Bouchet que les ducs de Guyenne et d'Aquitaine étaient couronnés à Limoges, il n'est pas étonnant qu'il ait répété par surabondance le mot *servus* qui pouvait être dans le *manuscrit inédit* qu'il dit avoir consulté.

Ces trois vers n'ont donc pas la même date ; le premier vers, seul, fut gravé par Louis-le-Débonnaire avec le mot *servos*, et *ceux de l'église*, pour nous servir de l'expression de nos chroniques, mirent à sa suite les deux derniers appelant Waïfre *malesanus*.

Cette épithète de *servos* donnée aux ducs d'Aquitaine par Louis-le-Débonnaire ne nous ferait-elle pas connaître les embarras que lui suscitaient sans cesse les grands vassaux de la couronne ?

Le nom de Waïfre dont est chargée l'inscription a pu faire croire que le monument se rattachait au temps où les ducs, dont nous connaissons les noms, gouvernaient les Aquitains ; mais, si l'on consulte l'époque où il fut érigé et l'histoire qui nous apprend les déboires occasionnés par les fils de Louis à leur père, répugnera-t-on à croire que, sous l'allégorie, ce prince s'adresse aux ducs de la seconde race ?

Nous pensons que le premier vers, seul inscrit par Louis avec l'épithète de *servos* , était pour rappeler à ses enfants qu'ils étaient les vassaux de la couronne.

En réalité, la Guyenne et l'Aquitaine n'étaient que des duchés relevant de la couronne de France quand Pépin se fit sacrer roi. Lorsque Charlemagne lui succéda, ce prince s'attacha l'affection des peuples de l'Aquitaine par l'honneur qu'il leur faisait d'ériger leur duché en royaume, et en leur donnant son fils pour souverain.

A la mort de son père, survenue en 814, Louis-le-

Débonnaire réunit à la couronne impériale celle d'Aquitaine qu'il garda jusqu'en 817 où il fit le partage de ses états entre ses enfants. Lothaire reçut l'Italie, Pépin l'Aquitaine et Louis-le-Germanique les provinces transrhénanes. Quelques temps après, sa seconde femme, Judith de Bavière, lui donna un autre fils, Charles-le-Chauve.

Contrairement à la promesse qu'il avait faite, autrefois, de rien changer au partage de l'empire, il constitua, par le capitulaire de Worms, un royaume pour ce quatrième fils avec l'Alsace et la Souabe, enlevées à Louis-le-Germanique, la Bourgogne et l'Helvétie qui appartenaient à Lothaire. Ce fut là le motif d'une première révolte, suivie d'une réconciliation. Une deuxième insurrection ne tarda pas à éclater en 832, Louis-le-Débonnaire ayant voulu enlever l'Aquitaine à Pépin. Fait prisonnier par son fils Lothaire, l'empereur fut déposé et eut à subir toutes sortes d'humiliations. Il dut comparaître dans une assemblée d'évêques et lire un écrit où il se reconnaissait coupable de scandale, de parjure, de spoliation, de tyrannie et de sacrilège; il fut dépouillé du manteau impérial ; l'archevêque Ebbon lui jeta sur les épaules un cilice, après quoi il fut rasé et enfermé au monastère de Saint-Médard de Soissons.

Rétabli sur le trône, il eut encore à combattre une troisième révolte, pour avoir voulu déposséder, contrairement au vœu des Aquitains, le fils de Pépin, Pépin II, au profit de Charles-le-Chauve.

D'après ce développement historique, si l'on n'adopte pas l'opinion que l'inscription s'adresse aux ducs de la deuxième race, nous nous permettrons de demander quelle a pu être l'intention de Louis-le-Débonnaire, en faisant graver, plus d'un demi-siècle après la mort de Waïfre, une inscription flétrissante pour les ducs d'Aquitaine de la première race. L'empereur n'avait pas à craindre, de la part des partisans de Waïfre, dispersés ou moissonnés par la mort, les guerres qui avaient désolé ces provinces. Il faut donc qu'il ait eu un autre motif, et ce motif, nous le trouvons dans le mot *servos*; il eût été mal appliqué aux ducs mérovingiens; ils se reconnaissaient les vassaux de la couronne; ils ne songèrent à se rendre indépendants que lorsqu'ils se virent attaqués dans leurs droits les plus sacrés par un usurpateur qui leur arrachait la couronne, pour la placer sur sa tête.

Il n'en était pas de même des ducs carlovingiens. Louis-le-Débonnaire devait d'autant plus s'armer de sévérité contre eux, qu'ils cherchaient à se rendre indépendants; aussi, leur rappelle-t-il, en les désignant sous le nom de *servos*, que l'Aquitaine n'était qu'un duché avant que Charlemagne ne le convertit en royaume, que lui-même n'était qu'un vassal, quoique roi de ce pays, et que ce n'était qu'à cette condition qu'il avait donné des couronnes à ses enfants.

Cela admis, l'interprétation du monument peut se faire sans grands efforts.

La lionne, c'est la France allaitant sa génération naissante, et les trois lionceaux représentent Lothaire, Pépin et Louis-le-Germanique; le vieux moine n'est que la caricature d'Hunaud; elle ne plane au-dessus du bas-relief que pour servir de leçon aux fils de Louis-le-Débonnaire; elle indique que leurs efforts pour troubler l'ordre seront aussi vains que ceux de ce prince moine et défroqué. Sous ce rapport, notre monument est un chef-d'œuvre; le contraste entre cette lionne, emblème de la force, provoquée et excitée au combat par un moine, qui n'a que deux moignons, est des plus suggestifs. C'est bien là une de ces épigrammes que le moyen-âge aimait à sculpter sur la pierre.

Ainsi comprise, cette sculpture ne pouvait offenser l'Aquitaine. C'était une fondation expiatoire, attestant un crime d'Hunaud, pour lequel le pays n'avait que haine et mépris, mais il n'en était pas de même des deux derniers vers, si injurieux pour la mémoire de

Waïfre. Il n'était ni un tyran, ni un *insensé* ; c'était un prince vaillant, qui, dans une lutte de neuf ans contre le guerrier le plus habile et le plus politique de son temps, montra un grand courage et déploya des ressources infinies.

Descendant des rois de France, fils d'un prince souverain, souverain lui-même, il avait l'affection de ses sujets, sans laquelle il n'aurait pu résister aussi longtemps à Pépin ; il défendait son patrimoine ; il combattait l'usurpateur de la couronne de France, laquelle, en vertu de la loi salique, aurait dû lui appartenir à défaut d'héritiers directs ; les moyens les plus odieux furent employés pour le vaincre ; on exigea que sa propre famille tournât ses armes contre lui ; son oncle fut pendu pour avoir pris son parti ; ses domestiques furent séduits ; il fut empoisonné par l'un d'eux, dont Pépin paya la trahison, et c'est à lui qu'on appliquerait ces épithètes de *cruel* et d'*insensé !*

L'Aquitaine se soumit à Charlemagne ; elle capitula en conservant ses lois particulières (1), mais n'abandonna point au mépris et à la risée la dynastie de Clovis, qui l'avait glorieusement gouvernée depuis deux siècles. Les dispositions du pays prouvent que les deux derniers vers n'ont pas la même date que le monument, quand cela ne serait pas déjà démontré par les écrits que nous avons cités.

La vérité, c'est que l'inscription primitive, qui était sur une lame de cuivre mobile, attachée au bas-relief avec des clous, sera tombée de vétusté ou aura été enlevée pendant que Limoges était sous la domination an-

---

(1) Charlemagne, en donnant un enfant pour roi à l'Aquitaine, avait, par le fait, laissé la principale autorité aux hommes puissants du pays. L'historien anonyme de la vie de Louis-le-Débonnaire dit : *Rex Ludovicus et proceres quorum Consilio respublica regni Aquitaniei administrabatur conventum generale habuerunt. »* On conçoit ce qu'étaient les conseils donnés par des prélats et des seigneurs, sous le faible Louis ; ces conseils étaient de véritables décrets.

glaise (1) ; plus tard, un moine de Saint-Martial, voulant expliquer cette sculpture, aura composé cette nouvelle inscription, qui est en complète contradiction avec le sujet et avec les principales circonstances historiques qui s'y rapportent ; dans un temps où l'Aquitaine avait perdu le respect qu'elle avait eû longtemps pour la race de Clovis, le qualificatif de *malesanus* ne saurait étonner, car il n'est pas rare de trouver dans les manuscrits du XIIe siècle (2) et des siècles postérieurs des épithètes injurieuses pour le dernier duc mérovingien.

Interprète d'une tradition, alors tout à fait faussée, le restaurateur aura attribué aux ducs de la première race la destination de ce monument, qui vise uniquement les fils de Louis-le-Débonnaire.

Le peuple n'attachait pas, du reste, à ce groupe, le même sens que la politique ; avide du merveilleux, il s'empara de cette figure hideuse ; elle ne fut pour lui qu'une caricature ; la tradition s'altérant davantage, il ne la désigna plus que sous le nom de *La Chiche*, ce qui signifie : *Un monstre chimérique dont on fait peur aux enfants* (3).

Rejetant donc les deux derniers vers, qui sont le fait d'une interpolation, et rétablissant le premier dans son texte primitif, nous proposons de lire ainsi l'inscription :

Alma leœna duces servos parit atque coronat.

L'interprétation de ce monument, jusqu'alors inexpliqué, est basée sur l'histoire. Sans son concours, on n'avance qu'en tâtonnant dans un labyrinthe où l'on s'égare. Alors sans guide, on se livre pour en sortir à un esprit de systèmes qui absorbent ceux qui s'y aban-

---

(1) Elle fut sans doute renouvelée à plusieurs reprises ; elle avait, en tous cas, disparu au XVIe siècle, et elle ne fut restituée qu'en 1605, lors du passage d'Henri IV à Limoges.

(2) Un moine de Fleury-sur-Loire, écrivant au XIIe siècle la vie de saint Sacerdos, évêque de Limoges, traite Walfre *d'odieux tyran*.

(3) Ménage, *Dictionnaire des Etymologies.*

donnent, et on finit par se laisser entraîner dans des conjectures d'où la raison, aussi énergique qu'elle puisse être, ne se retire qu'après les plus violents efforts.

RECHERCHES HISTORIQUES

SUR

SÉBASTIEN Iᴱᴿ, ROI DE PORTUGAL

RECHERCHES HISTORIQUES

SUR

SÉBASTIEN Iᵉʳ

Roi de Portugal

———

Grégorio Leti, dans la vie de Philippe II, roi d'Espagne, fait mourir Sébastien Iᵉʳ à Alcazar, en Afrique, dans une bataille contre les Maures.

Duverdier, dans son *Abrégé d'Histoire d'Espagne*, ne dit rien de positif sur la mort de ce prince ; ces auteurs, comme beaucoup d'autres, sans oublier les biographes, n'étant pas d'accord sur le sort de ce monarque, il nous est permis de chercher à nous faire une opinion et le hasard qui contribue si souvent à déchirer le voile qui obscurcit la vérité, nous sera dans le cas présent un précieux auxiliaire. La découverte, dont nous allons parler, lèvera tous les doutes.

Dans une lettre adressée au Comité des monuments historiques, dont il était correspondant, et que la mort l'a empêché de faire parvenir à destination, l'abbé Texier écrit : « En faisant des fouilles dans l'église du monas-
« tère des Augustins de Limoges (1), qui est aujourd'hui
« une fabrique de porcelaines, il a été trouvé parmi des
« ossements humains une médaille d'or, autour de
« laquelle on lisait : *Sebastianus primus Portugaliæ rex.*
« Cette médaille portait une statue pédestre vêtue d'un

———

(1) C'est dans les jardins de cette ancienne abbaye que l'abbé Texier découvrit jadis le monument du *Bon mariage* dont le monde savant déplorait la perte.

« costume de moine. Je l'ai vue, je l'ai examinée, j'ai
« voulu en prendre l'empreinte, et sous prétexte qu'elle
« donnerait un plus bel or pour couvrir la porcelaine, je
« n'ai pu, malgré le prix que j'y mettais, l'obtenir du
« Vandale qui préféra la fondre avant que je l'eusse
« estampée, tant il craignait de manquer son but. Ce
« titre, ajouté à ceux qui ont été recueillis par l'historien
« du détrônement d'Alphonse VI, roi de Portugal, jettera
« quelque lueur sur ce point douteux de l'histoire de ce
« monarque. Cette découverte est la solution d'un
« problème historique couvert de ténèbres depuis plus
« de deux siècles ».

Le morceau que nous citons est extrait d'une lettre
de Robert Southewet, ambassadeur à la cour de
Lisbonne (1).

« Le roi Sébastien, après avoir eu trois chevaux tués
« sous lui, périt ou fut pris par les Maures. Manuel de
« Faria de Souza qui était présent à cette action dit que
« le roi, ayant été blessé, fut fait prisonnier par les
« chasseurs arabes qui le tuèrent de sang-froid pour
« terminer le différend qui était entre eux, au sujet du
« prisonnier qu'ils se disputaient. Ce fait a été pareil-
« lement attesté par Nunez de Mascarégna qui, ayant
« été pris et conduit avec plusieurs autres princes de
« distinction à la tente de Muley-Hamet, celui-ci lui
« demanda ce qu'était devenu le roi de Portugal ;
« Mascarégna lui apprit le premier la mort de ce prince
« et de quelle manière il avait été tué. Quoiqu'extrê-
« mement défiguré, il fut reconnu par plusieurs
« Portugais prisonniers et de la première noblesse ; il fut
« inhumé à Alcazar-Quivir ; de là fut porté à Ceuta, le
« 4 octobre 1578, où il demeura en dépôt jusqu'en 1582,
« puis fut transporté à Lisbonne par ordre de Philippe II
« et enterré dans le monastère de Bethléem ».

_____

(1) *Histoire du détrônement d'Alphonse VI, roi de Portugal*, trad. de
l'anglais, Paris 1743.

« D'après ce récit, il n'y a pas de doute que Sébastien Ier
« ne soit mort dans son expédition en Afrique ; cepen-
« dant, quelques années après, deux nouveaux Sébastien
« se présentèrent, l'un de l'île de Tercère et le second
« de la ville d'Alcazova en Portugal ; convaincus
« d'imposture, ils subirent le sort qu'ils méritaient.

« Cet exemple de sévérité ne put intimider un
« troisième personnage qui parut à Venise en 1578,
« vingt ans après la défaite de ce prince. Sur la plainte
« de l'ambassadeur de Philippe II, roi d'Espagne, ce
« nouveau Sébastien fut mis en prison et on nomma une
« commission pour l'interroger ; il subit, dit l'historien
« d'Alphonse VI, vingt-huit interrogatoires devant le
« Sénat de Venise et ses réponses surprirent ses juges ;
« il nomma tous les ambassadeurs que la République
« avait envoyés en Portugal pendant que Sébastien était
« sur le trône ; il rendit compte de tous les traités et de
« leurs dépêches, ce qui se trouva conforme aux registres
« qui étaient dans les archives de la République. Lors-
« qu'on l'interrogeait sur d'autres choses qui n'étaient
« que de simple curiosité, il se taisait et demandait à
« être présenté à des Portugais qui l'avaient, autrefois,
« connu.

« Le docteur Sampayo, dominicain, et un autre
« portugais, dit le même auteur, le reconnurent pour le
« roi Sébastien et sollicitèrent sa liberté. Sampayo vint
« à Lisbonne et y apporta un acte dressé en présence
« d'un notaire apostolique, contenant le détail des mar-
« ques du roi Sébastien. Il paraît, par l'examen qu'on en
« fit, que cet homme ressemblait étonnamment par les
« traits au visage de l'ancien roi ; il avait la lèvre autri-
« chienne, la main droite plus longue que la gauche, le
« doigt index de la main gauche plus long que celui de
« la droite, vingt-deux marques en différentes parties du
« corps qui étaient conformes à celles de Sébastien et des
« cicatrices dans les endroits où ce prince avait été
« blessé...

« Interrogé pourquoi il n'était pas rentré dans ses
« états après son désastre, il répondit que navré de sa
« défaite, et honteux d'avoir causé de si grands malheurs
« à son royaume, il avait mieux aimé, après s'être
« échappé des mains des Maures, vivre errant dans le
« monde que de reparaître en Portugal.

« Après son interrogatoire, le Sénat de Venise
« ordonna qu'il sortirait des terres de la République
« dans les huit jours. Le prononcé de cet arrêt décida
« ce prétendu Sébastien à se rendre en *France*, mais les
« passages par terre étant fermés, il alla à Florence afin
« de faire le voyage par mer. Arrivé dans les états du
« grand duc, celui-ci le livra aux Espagnols et il fut
« conduit à Naples. Embarqué sur une galère et envoyé
« en Espagne, il fut enfermé dans le château de Saint-
« Lucas. *Depuis, on n'a plus parlé de lui et on ne sait ce*
« *qu'il est devenu* ».

La médaille qui nous occupe est pour nous un titre de
plus à ajouter aux faits historiques que nous venons
d'analyser. Elle contribuera sans nul doute à fixer
l'opinion qu'on doit avoir sur le lieu de la mort et de la
sépulture de ce prince.

Discutant ce qui a été écrit par l'historien du détrônement d'Alphonse VI, nous ne pensons pas qu'on doive
regarder le témoignage des seigneurs qui suivirent leur
roi dans cette guerre malheureuse comme l'expression
de la vérité. Dans notre opinion, leur aveu est un
mensonge politique pour détourner l'attention de Muley-
Hamet qui n'eût pas manqué de mettre ses Arabes à la
poursuite de l'illustre prisonnier. Les seigneurs portugais semblent être dans le secret de la fuite de leur roi
pour faciliter son évasion. Manuel de Faria de Souza
affirme que Sébastien a été fait prisonnier par les chasseurs arabes qui se sont disputé sa tête, et Nunez de
Mascarégna, en réponse à la question du monarque
africain, qui lui demande ce qu'est devenu le roi, lui
fait présenter, couché en travers sur un cheval, un

cadavre dont la figure mutilée ne permet pas d'en reconnaître les traits. La pompe funèbre qui suivit la reconnaissance de ce cadavre est, selon nous, une pieuse fraude qui jeta la conviction dans les esprits; dès lors, rassuré sur le sort d'un ennemi qui avait cessé de vivre, Muley-Hamet jouit de son triomphe; oublié du vainqueur et inconnu des Arabes dont il était le captif, Sébastien surprit leur vigilance et fut assez heureux pour s'échapper.

Ce n'est pas assez d'appuyer notre opinion sur la fidélité et l'honneur qui commandaient aux nobles Portugais, compagnons d'infortune de leur roi, de chercher à le sauver par un mensonge; nous demanderons encore si Sébastien, vingt ans après sa défaite, se serait présenté devant le Sénat de Venise pour se faire reconnaître comme souverain légitime du Portugal, s'il ne l'eût pas été. La distance qui sépare sa défaite de sa réapparition nous porte à croire qu'il ne peut être un imposteur. Quelle époque aurait-il choisie pour se faire reconnaître? Celle où un roi puissant, maître de ses états, riche des trésors du nouveau monde, joue le premier rôle sur le théâtre de l'Europe et est, en partie, cause de tous les grands événements de son siècle.

La disparition de Sébastien, après son bannissement du territoire de Venise, s'explique assez pour qui est au courant du manque de scrupules de Philippe. Ambitieux et ménageant toutes les occasions qui favorisaient ses projets, il sut mettre à profit les événements imprévus qui entraînèrent en Afrique Sébastien et l'élite de la noblesse de son royaume; la défaite de ce prince fut le réveil de son ambition assoupie.

Au roi renversé, succéda Don Henri, son grand-oncle, âgé de 67 ans; ce cardinal-roi, infirme, ne fut qu'un fantôme sur le trône où il ne régna que pour faire discuter juridiquement quel serait après lui l'héritier de la Couronne.

Cette discussion avait attiré beaucoup de prétendants.

Ils se pressaient autour de celui dont le caractère timide et indécis ne sut jamais prendre un parti, mesurant sans cesse sa marche sur celle de ses puissants compétiteurs ; Philippe, au surplus, en habile politique, entretenait par ses intrigues, dans l'âme faible d'Henri, une indécision qui favorisait ses desseins. Après deux ans de règne mourut ce fantôme de roi, sans être regretté, et sans mériter de l'être.

Cinq régents chargés de l'interrègne, prirent en mains l'administration de l'état. Ils discutaient les droits des prétendants à la royauté quand Philippe se présenta comme héritier du trône. Pour donner plus de poids à ses prétentions, il se servit de l'épée du vieux duc d'Albe qu'il rappela après un exil de deux ans pour le lancer dans le royaume à la tête de vingt mille hommes. Ce hardi coup de main effraya la régence qui renonça à son autorité, proclama Philippe héritier de la Couronne et éloigna par cette décision tous les aspirants à l'exception d'Antoine, chevalier de Malte ; battu dans deux rencontres, ce dernier sollicita en vain des secours d'Elisabeth d'Angleterre et de Henri III, roi de France ; ces deux puissances étaient trop appliquées à résister à Philippe pour armer en faveur d'Antoine.

A la suite de cette défaite, le Portugal se courba sous le joug de fer du roi d'Espagne, et ce serait après que Philippe aurait cimenté la réunion des deux Etats, par un règne de dix-huit ans, que se serait présenté ce nouveau Sébastien devant le Sénat de Venise ! Dans notre opinion, il n'y avait que des droits légitimes pour autoriser une pareille démarche.

L'ambassadeur de Philippe, prévenu de ce retour inattendu, en instruisit son souverain qui, seul intéressé à cacher la vérité, chercha, par les moyens en son pouvoir, à étouffer un nom qui pouvait irriter des souvenirs assoupis et mettre en conflagration les deux royaumes. Pour prévenir ce danger, loin de traduire ce troisième Sébastien à Lisbonne, devant ses juges naturels, comme il avait été fait pour les deux premiers, il fut remis entre les mains du Sénat de Venise qui, par crainte, refusa une première fois son intervention ; mais, pressé par Philippe, il demanda à être autorisé par quelque prince souverain.

Les états généraux des Provinces-Unies et le prince Maurice de Nassau chargèrent de cette autorisation don Christophe, le plus jeune des fils d'Antoine, qui prétendait à la couronne après la mort d'Henri. Avec cette recommandation, le Sénat de Venise consentit à instruire l'affaire. Cédant à la nécessité, Sébastien subit vingt-huit interrogatoires ; ses réponses, conformes aux actes consignés dans les registres de l'Etat pendant son règne, ébranlèrent ceux qui l'interrogeaient.

Les Portugais soutenaient qu'il était leur roi, et ce qui les confirmait dans cette persuasion, c'est qu'on ne put jamais, malgré les mauvais traitements dont il était en butte, faire avouer au prisonnier qu'il n'était pas leur souverain légitime.

Subjugué par la crainte de déplaire à un roi devant qui tout s'humiliait, ses juges se bornèrent à bannir des terres de la République celui qu'ils n'osèrent reconnaître comme le légitime prétendant au trône de Portugal. Ce fut après cet arrêt qu'il demanda à passer en France.

Cette lutte entre la légitimité et l'usurpation devait être une entrave pour un caractère aussi haineux et aussi dissimulé que l'était celui de Philippe. La crainte que Sébastien ne fût reconnu avait dû hanter l'esprit du tyran. Il ne pouvait ignorer que sa cruauté et l'abus du pouvoir avaient affaibli son immense autorité. Devenu un objet de haine aux Portugais, il n'est donc pas étonnant que, couvrant son sceptre ensanglanté du voile de la religion, à cette époque dans les mœurs du peuple, sa politique ne s'en servît comme d'un instrument qui le débarrasserait d'un homme qui, tout terrassé qu'il était, pouvait encore se relever et lui donner de l'embarras.

Il pouvait, nous dira-t-on, le livrer à la hache de ses

bourreaux. Nous en convenons ; mais il fallait, dans ce cas, qu'il achetât le secret d'un crime, qui devenait inutile, du moment que sa victime demandait à être envoyée en exil. Il était plus prudent que Philippe, sous le masque de la religion, qui, toujours, servit ses projets ambitieux, se rendit au vœu de Sébastien, qui demandait un sauf-conduit pour la France, où il voulait terminer sa vie dans la retraite. La conduite de l'ancien roi était conforme à l'esprit de son siècle ; il suivait en cela l'exemple de Charles, comte d'Alençon, prince de sang royal qui, fatigué des troubles qui bouleversaient la France pendant la captivité du roi Jean, prit l'habit de Saint-Dominique. Qui nous dira même si, pour racheter sa vie, Sébastien ne se soumit pas à la dernière volonté de son tyran et que celui-ci ne lui imposa point, pour dernière condition, d'imiter Charles-Quint qui, vieilli avant le temps et détrompé de tout parce qu'il avait tout éprouvé, se déchargea de la couronne sur la tête de Philippe, son fils, pour se retirer dans un monastère ?

Plus on fouillera dans l'histoire et plus les preuves s'accumuleront en faveur du retour du malheureux Sébastien et de son séjour en France. La tradition conservée dans le pays venant à notre aide, nous ajouterons que dans l'église du monastère des Augustins, où cette médaille a été découverte, on voyait une chapelle sous l'invocation de son patron ; la voix commune s'accordait à dire qu'un roi du même nom y avait été enterré.

Si l'on remonte à l'époque brûlante de cette ferveur religieuse qui dominait même les personnes les plus élevées en dignité, et qui, atteintes par les revers de la fortune, ne voyaient dans leurs désastres que le doigt de Dieu, on ne sera point étonné de voir un souverain, échappé à une mort certaine, après avoir vu périr toute son armée, formée de l'élite de la noblesse de ses Etats, s'abandonner à sa mauvaise fortune et faire vœu de vivre et de mourir dans la retraite. Le doute, d'ailleurs, acquiert un degré de certitude devant la médaille qui a été le sujet de cette discussion.

L'abbé Texier donne, en effet, un détail qui est décisif : « Cette médaille se trouvait dans un tombeau de « pierre en granit, à côté du squelette fort bien con- « servé. On ne peut donc attribuer sa présence, dans « un tel endroit, au pur effet du hasard. »

Cette découverte atteste donc, d'une façon formelle, que Sébastien s'est rendu en France, comme il l'avait demandé après son jugement, que vêtu du costume de l'ordre dans lequel il était entré, il termina sa vie dans le monastère des Augustins de Limoges, et que sa dépouille mortelle y fut déposée.

www.ingramcontent.com/pod-product-compliance
Lightning Source LLC
Chambersburg PA
CBHW071421220526
45469CB00004B/1381